RELIGION IN DUTCH SOCIETY 2011-2012

**Documentation of a national survey
on religious and secular attitudes and
behaviour in 2011-2012**

Religion in Dutch Society

Documentation of a national survey on religious and secular attitudes and behaviour in 2011-2012

R. Eisinga
G. Kraaykamp
P. Scheepers
with assistance of P. Thijs

DANS Data Guide 11

Routledge
Taylor & Francis Group

LONDON AND NEW YORK

First published in 2012 by Amsterdam University Press Ltd.

Published 2025 by Routledge
4 Park Square, Milton Park, Abingdon, Oxon OX14 4RN
605 Third Avenue, New York, NY 10158

Routledge is an imprint of the Taylor & Francis Group, an informa business

© DANS / Pallas Publications Taylor & Francis Group 2012

ISBN: 9789085550778 (pbk)
ISBN: 9781003702559 (ebk)

Omslagontwerp
Colette Sloots - Grafisch ontwerper BNO - Haarlem

Persistent Identifier of the dataset urn:nbn:nl:ui:13-pgxp-kg

For Product Safety Concerns and Information please contact our EU representative: GPSR@taylorandfrancis.com Taylor & Francis Verlag GmbH, Kaufingerstraße 24, 80331 München, Germany

Acknowledgement

This Data Guide and the corresponding dataset are distributed by Data Archiving and Networked Services (DANS). DANS promotes sustained access to digital research data. DANS is an institute of the Royal Netherlands Academy of Arts and Sciences (KNAW) and the Netherlands Organisation for Scientific Research (NWO).

Data- and documentationfiles of 'Religion in Dutch Society 2011-2012' as well as the files of the previous surveys, are available in the DANS online archiving system EASY http://easy.dans.knaw.nl:

- Religion in Dutch Society 2011-2012:
  Persistent Identifier: urn:nbn:nl:ui:13-pgxp-kg
- Religion in Dutch Society 2005:
  Persistent Identifier: urn:nbn:nl:ui:13-6ju7-ax
- Religion in Dutch Society 2000:
  Persistent Identifier: urn:nbn:nl:ui:13-4g2-2si
- Religion in Dutch Society 1995:
  Persistent Identifier: urn:nbn:nl:ui:13-s66-012
- Religion in Dutch Society 1990:
  Persistent Identifier: urn:nbn:nl:ui:13-i0o-gwp
- Religion in Dutch Society 1985:
  Persistent Identifier: urn:nbn:nl:ui:13-hwd-vph
- Religion in Dutch Society 1979:
  Persistent Identifier: urn:nbn:nl:ui:13-jgx-sk5

This data collection has been made possible due to a subsidy from NWO, more specifically from the branch on longitudinal studies in social and behavioural sciences (subsidy: 481-08-010) and by funding made available by the Department of Sociology of the Faculty of Social Sciences of the Radboud University.

We kindly ask all users of the data to apply the following statement: The data utilised in this (publication) were made available by DANS. Neither the original collectors nor DANS bear any responsibility for the analysis or interpretation presented here.

In addition, to facilitate the exchange of information about research activities, each user is expected to send two copies of a completed manuscript to Prof. dr. Rob Eisinga, Department of Sociology and Research Methods, University of Nijmegen, P.O. Box 9104, 6500 HE Nijmegen, The Netherlands (e-mail: r.eisinga@maw.ru.nl).

Nijmegen, November 2012

Contents

1 Introduction

1.1 Background of the SOCON 2011-2012 survey

This Data Guide provides the documentation of the research design, the sampling method, and the variables of the national Dutch survey Religion in Dutch Society 2011-2012 as part of general research program on social and cultural developments in the Netherlands. This cross-sectional survey is a replication and extension of six previous surveys that can be used to ascertain and analyse social trends in Dutch society from 1979-2012.

In 1979 a nation-wide survey called Secularisation and Depillarisation in the Netherlands (Secularisering en ontzuiling in Nederland (SON)) was conducted. The aim of this survey was to investigate the influence of church involvement and religious beliefs on non-religious attitudes and behaviours in contemporary Dutch society. Its documentation Religion in Dutch Society by Felling et al. (1986) and the corresponding data (in SPSS format) were made available to other researchers and were stored at Data Archiving and Networked Services – DANS.

In the early 1980s, plans were made to replicate the 1979 research and to extent its scope by including attitudes and behaviours on a wider range of social issues. In early 1984, a group of social scientists was invited to participate in the design of a large-scale research program, called Social and Cultural Developments in the Netherlands 1985. For this cross-sectional survey, funded by the Dutch Ministry of Education and Science, a sample of respondents aged 18 to 70 were randomly selected from the general Dutch population for personal interview in the autumn of 1985. Major substantive areas of SOCON 85 include religion, value systems, work attitudes, ethnocentrism, political attitudes and political participation, health issues and conservatism. To enable researchers to engage in additional work on the data, the SOCON 85 data (in SPSS format) and the codebook Religion in Dutch Society 85 by Felling et al. (1987) were also stored at Data Archiving and Networked Services -DANS.

In the late 1980s, the principal investigators agreed to conduct two follow-up studies in 1990: a panel study and a new cross-sectional survey. Researchers who would like further information on this panel study are encouraged to consult the documentation in Individual changes in the Netherlands 1985–1990 by Felling et al. (1992). The new cross-sectional survey Social and Cultural Developments in the Netherlands 1990 (SOCON 90)) was a partial replication of the 1979 and the 1985 surveys, supplemented by many new topics. We refer to Religion in Dutch Society 90 by Eisinga et al. (1992a). Again, the data (in SPSS format) and the corresponding codebooks were deposited at Data Archiving and Networked Service3s – DANS to enable other researchers to engage in additional work on the data.

A series of comparable data had evolved — documented by Eisinga et al. (1992b) in the codebook Social and cultural trends in The Netherlands 1979–1990 — and soon the decision was made to launch another follow-up: the cross-sectional survey Social and Cultural Developments in the Netherlands 1995 (SOCON 95)). Additional information about the SOCON research programme and SOCON publications may be found in Eisinga (1995). In a similar vein, the initiators decided to organize follow-up surveys in 2000, 2005 and 2010 ((see Eisinga et al. (2002), Religion in Dutch society 2000, documentation of a national survey on religious and secular attitudes in 2000). The data collection of 2005/2006 is available for secondary analyses (in SPSS format). However, the round of data collection that was planned in 2010/2011 experienced some problems to gain substantial funding: therefore, this round was held in the winter of 2011/2012.

Overall, these surveys in the Netherlands, conducted in the winters of 1979/1980, 1985/1986, 1990/1991, 1995/1996, 2000/2001, 2005/2006, and 2011/2012 are all part of a long-standing research programme, aimed at longitudinal and cross-national research with a strong (a) substantial multi-disciplinary focus on religiosity, values, in-group solidarity and out-group derogation as well as a strong (b) methodological focus on high quality data, valid measurements and innovative data-collection designs. This additional data collection for 2011-2012 improves possibilities to test hypotheses on processes of secularization and individualization, spanning a period of 30 years.

The core group conducting SOCON surveys used to be the professors Felling, Peters and Schreuder who were initially responsible for the data collections in the eighties and nineties. They have been followed up by the professors Eisinga, Kraaykamp and Scheepers who have been in charge for the more recent data collections. Additionally, professor Hagendoorn and associate professors Coenders and Lubbers (University Utrecht) and assistant professors Tolsma and Huijts were consulted for both theoretical and methodological innovations. All members of the research group have used SOCON data rather intensively for joint publications with PhD's and master students as well as for cooperation with other (international) scientists.

This group of researchers is part of larger group of sociologists focussing on 'Secularization, fragmentation and stratification' that was evaluated by an international peer review committee in 2006, judging its quality to be excellent (5 on a scale ranging from 1 to 5), stating that … the programme is distinctive for its comparative approach … and has been a pioneer in the systematic collection and analysis of large-scale surveys… and … they have set the standards against which other European departments now have to be judged …(Research Assessment 2006, 31-32).

Leaders of this research used their expertise not only to conduct the SOCON surveys, but also were involved as consultants in a number of international surveys to which they delivered valid and reliable measurements derived from SOCON: (1) the International Social Survey Program on religiosity (1991, 1998, to be continued), on national identity (1995, 2003); (2) the Religious and Moral Pluralism module (1998) on religiosity and ethnocentrism. Moreover, they were involved in a number of national surveys as consultants in e.g., Germany, Suriname, South Africa and Ireland.

Next, Eisinga and Scheepers successfully guided the first two waves of the European Social Survey (2002/2003 and 2004/2005) as National Coordinators. To this day, one of the leaders, Scheepers (member of the Royal Dutch Academy of Arts and Sciences, KNAW) is the chair of the committee to supervise the Dutch data collection for the European Social Survey and as such he is on the Scientific Advisory Board of the European Social Survey. Kraaykamp has been in charge of the Family Survey Dutch Population (FSDP) and is member of the Board of the Nederlandse LevensLoop Studie (NELLS).

Previous SOCON data collections have been used in numerous publications, initially primarily for PhD dissertations and Dutch scientific journals, gradually primarily for international scientific journals with adaptations from PhD dissertations. Based on SOCON data, we are sure of the publication of (over) 30 books, 25 PhD dissertations, 85 international journal contributions, 60 national journal contributions, 12 data documentation books, 7 edited volumes, 95 contributions to (inter-) national books, excluding numerous contributions based on SOCON data by other researchers in cross-national and longitudinal trend studies. As a result from publications in these international journals, measurements derived from SOCON data have been adapted to questionnaires developed by the Allgemeine Bevolkungsumfrage der Sozialen Wissenschaften in Germany (ALLBUS, then headed by prof.dr. P. Schmidt), the Instituut voor Sociaal en Politiek Publieke Opinie Onderzoek in Flanders (ISPO, then headed by prof.dr. J. Billiet), the International Social Survey Programme (ISSP), and the Religious and Moral Pluralism module (then headed by prof.dr. K. Dobbelaere en prof.dr. W. Jagodzinski) aimed to improve the Eurobarometer surveys. Moreover, data from SOCON have been adopted into instruction books (distributed on a large scale (> 20.000 copies of Statistiek als Hulpmiddel, published by Dr. Manfred te Grotenhuis, former PhD on the SOCON data) by Koninklijke van Gorcum) to teach statistics to students from all social science disciplines, further contributing to the dissemination of these relevant data.

1.2 Themes and participants

Scheme 1.1 presents the substantive areas monitored by SOCON 2011-12 along with the names of the participants listed in alphabetical order under the themes. Most of the research questions that are studied in contemporary sociology can be related to three general themes: social inequality, social cohesion, and modernization. SOCON has particularly focused on the last two themes.

Social cohesion includes the degree to which the members of a society are connected. At the micro-level, this can be assessed by measuring how individuals are integrated in social networks. Integration can occur at different levels: the micro-level (within families), the meso-level (within voluntary organizations, schools, work places), and the macro-level (i.e., connections with society at large).

Modernization refers to developments in attitudes, life styles and careers. Due to several structural developments, Dutch society has changed its norms, life styles and life careers. By looking at differentiation in modernization, issues of social cohesion are linked to macro-level change. More in particular, we have focused on the process of secularization and its consequences, in terms of declines in social cohesion, for political and moral attitudes and behaviours.

Scheme 1.1: Themes and participants in SOCON 2011-12

SOCIAL STRUCTURAL CHARACTERISTICS

VALUE SYSTEMS
Prof. dr. R. Eisinga, Prof. dr. P. Scheepers

RELIGION
Prof. dr. R. Eisinga, Dr. H. te Grotenhuis

ETHNOCENTRISM
Prof. dr. L. Hagendoorn, Dr. M. Lubbers, Prof. dr. P. Scheepers, Dr. J. Tolsma

CONSERVATISM
Prof. dr. R. Eisinga, dr. M. Lubbers, Prof. dr. P. Scheepers

POLITICS
Prof. dr. R. Eisinga, Dr. H. te Grotenhuis, Dr. M. Lubbers, Prof. dr. P. Scheepers

ENVIRONMENTALISM
Prof. dr. G. Kraaykamp, Prof. dr. P. Scheepers

HEALTH
Prof. dr. R. Eisinga, Dr. T. Huijts, Prof. dr. G. Kraaykamp

1.3 Questionnaires

Prior to the preparation of the questionnaires, participants were asked to select a limited number of important concepts within their field of interest and to provide a proposal for their operationalisations. These proposals were based on a review of the literature and on previous empirical research. Several discussions were held to maximise the consistency of the conceptual frameworks and the validity of the operationalisations. In some cases, non-participating experts were consulted on both the theoretical framework and the survey questions. Although this preliminary work substantially reduced the number of items to be included in the questionnaire, their number was still considered too large for a single questionnaire, that could be dealt with in about 1 hour of interview time.

The questionnaire was constructed in the summer of 2011. Four rules guided their preparation. First, the questions had to be formulated in an understandable way to all if not most respondents. If this was considered to be unfeasible, criteria were designed the respondents had to meet. As a result, statements indicating ethnocentric attitudes were only administered to respondents whose nationality and that of their parents and grandparents was Dutch. Second, each question incorporated into the survey had to be formulated in the same way for all respondents. This rule also applied to the experiment in the SOCON questionnaire by which respondents were primed by 3 different newspaper texts, each applied to 1/3 of the respondents after which they were asked to answer the same set of items. The third guideline was that the questionnaire items had to be arranged thematically to avoid confusion and annoyance on the part of the respondents and that all themes had to be introduced by a short description of the topic. Fourth, several common rules were derived from methodological studies and were employed to minimise potential problems such as response set and acquiescence.

The questionnaires were tested by the research group members through pilot interviews. In this way the item wordings and the structure of the questionnaires could again be examined. After the pilot interviews had been evaluated, the final questionnaires were produced. Because the questionnaire contained too much items, estimated to take more than one hour interview time, the questionnaire was divided into (1) a verbal part that would have to be administered to the respondents in a face-to-face interview; and (2) a so-called drop-off part that the respondent could fill out independently of the help of the interviewer, including the experiment. These questionnaires were subsequently handed over to Veldkamp that conducted the fieldwork and reported more elaborately on it (Schothorst and Hilhorst, 2012): secondary users of the data are encouraged to consult this report.

1.4 Sampling method

The overall aim was to collect interviews among 1000 people aged 18 – 70, living in the Netherlands in the winter of 2011-2012, that would validly and reliably represent the Dutch population. To achieve this aim, it was decided to take a random sample of addresses from the full registry of postal codes, executed by Experian, an office that claims to deliver a sample of addresses containing people in a certain age range, excluding institutions and business addresses. This procedure guarantees that each and every address in the Netherlands had an equal likelihood to be included in the sample. The aim was to conduct interviews with at least 60% of randomly selected people living at the selected addresses (n=2080). Once at the address, the 'last birthday rule' was applied to select the respondent within the age range that would be invited to cooperate. Interviewers were not allowed to deviate from this rule. This procedure constitutes a two-step random sample of Dutch citizens.

The tables below show that the initial sample closely matches the distribution in the Netherlands, in terms of region as well as in terms of the level of urbanisation, except for the italic numbers.

Table 1: relative distributions (%) of the initial sample across regions, the total sample as well as the distributions in the Netherlands

Region	Distribution initial sample	Distribution total sample	Distribution in the Netherlands
	%	%	%
4 major cities	14,5	15,7	15,3
rest of west	29,2	28,9	29,3
north	11,3	11,2	10,3
east	21,5	21,2	21,0
south	23,6	23,2	23,9

4 major cities are Amsterdam, Rotterdam, Utrecht, Den Haag
west = Noord-Holland, Zuid-Holland, Utrecht
north = Groningen, Friesland, Drenthe
east = Overijssel, Gelderland, Flevoland
south = Zeeland, Noord- Brabant, Limburg

Table 2: relative distributions (%) of the initial sample across degrees of urbanisation, the total sample as well as the distributions in the Netherlands

Level of urbanisation	Distribution initial sample	Distribution total sample	Distribution in the Netherlands
	%	%	%
very strongly urban	20,4	21,6	22,2
strongly urban	25,8	25,4	24,0
moderately	17,4	*17,2*	*18,9*
rural	19,7	19,4	18,7
very rural	16,6	16,4	16,2

*) definition by Dutch Statistics.

1.5 Fieldwork and data processing

The fieldwork started in September 2011 and ended in February 2012. A total of 91 trained interviewers were involved in the survey. A detailed interview-instruction was made and sent to the interviewers and this instruction was presented to the interviewers together with the questionnaires in the first week of September 2011. In that week, four instruction meetings of each two hours were held, to inform the interviewers about the survey and to instruct them on complicated parts of the questionnaires. At this occasion, all interviewers were requested to fill out the complete questionnaire. All interviewers were extensively trained in computer assisted personal interviewing (capi) and had broad experience with interviewing. They were instructed to approach potential respondents personally, preferably in the early evenings or on weekend days. In case respondents were not at home, the interviewers were required to try to approach them again, at least three times. All approaches were documented in previously developed journals to keep conscientiously track of all respondents. These documents were also used to list whether respondents who refused were hard or soft refusals. The soft refusals were then listed and supposed to be approached again by another interviewer. As it turned out that there were too few soft refusals, it was decided to re-approach all respondents who had refused, except for the ones who had called the data collection office to explicate their reasons for refusal.

Before the actual approaches and in order to improve response rates, respondents were sent a letter of introduction and a folder containing additional information on SOCON as well as a number of arguments why respondents would consider to participate in the interview. Interviewers were hence able to refer to these documents when they approached potential respondents.

Interviewers received a restricted number of potential respondents to approach. Only after they had handled these respondents, they got another portion of potential respondents. After two months of data collection, interviewers were requested to start re-approaching all refusals. After three months, two more rounds of re-approach were started to provide difficult to reach respondents with internet facilities to fill out the questionnaires. By this time, it had become clear that difficult to reach respondents were particularly found among younger males in urbanised settings. Therefore, interviewers were advised to ask them preferably to cooperate.

The personal interviews were guided by a capi-questionnaire on a laptop-computer, which indicated to the interviewer when to hand over the laptop to the respondent to fill out a list with so-called Likert-items or other (taboo-) items preferably not asked directly to respondents. The verbally answered questions were immediately coded — with the exception of the answers to the open-ended questions — and entered into the laptop-computer by the interviewers. After an interview was completed, the respondent was asked to fill in the additional drop-off, self-administered questionnaire, which could be returned in a postage-paid envelope or picked up by the interviewer. The respondents were asked to do so within a week, but some responded later. In the end, 91 per cent of the respondents returned the drop-off questionnaire.

Fieldwork was controlled by sending letters to all respondents to fill in a form to evaluate the quality of the data collection: both the performance of the interviewer as well as the quality of the questionnaire were asked to be evaluated. Almost 40% of all respondents used this possibility to send in their comments. Moreover, the quality of the performance of interviewers was evaluated by the data collection office in order to gain insight into the quality, reliability and conscientiousness of the interviewers.

All data contained in the capi questionnaire were registered automatically; data contained in the drop-off list were entered manually. All alphanumerical information (like on professions) in the questionnaires was recoded into so-called CBS codes to facilitate the use of other coding schemes. The data file was examined on out-of-range scores and routing inconsistencies and, if necessary, modified by returning to the original filled out questionnaires.

Beforehand, we estimated the time necessary for the face-to-face interview to be 60 minutes; it turned out to be 57 minutes as an overall mean. In table 3, we provide the time distribution.

Table 3: time needed to conduct the face-to-face interviews

	%
up to 45 minutes	23,3
45 – 59 minutes	41,6
60 – 74 minutes	23,3
75 – 89 minutes	8,2
90 minutes or longer	3,5

1.6 Response rates

In order to optimize response rates, potential respondents were promised to receive 15 euro after a full interview, including the drop-off list. Only in the third round of data collection, this premium was raised to 25 euro for a full interview.

Table 4 shows the overall (non-) response rate as well as the percentages of the different causes of non-response and the number of completed interviews, combining information on all different rounds of data collection. After the finish of the data collection, unfortunately, the data collection office found out that one interviewer had not approached respondents but had filled out 23 questionnaires himself. Therefore, we deleted these non-existing respondents from the eventual data file, providing us and the scientific community with a valid sample of 994 respondents.

Table 4: Response and non-response for all rounds of data collection combined

	absolute	%
Full number of respondents in original sample	2.080	100,0
minus: respondent does not belong to target group	77	3,7
minus: false respondents (wrong address, respondent deceased, language barrier etc.)	140	6,8
Operational sample to start fieldwork	1.863	100,0
non-response:		
refusals	480	25,8
never at home	310	16,6
not available during fieldwork	20	1,1
ill/mentally incapable	34	1,8
other	2	0,1
Full interview – minus 23 fraud interviews	1.017	54,6

1.7 Representativeness of the sample

More important than the response rate, is the issue whether and to what extent the interviewed respondents resemble or represent the general Dutch population; vice versa, to what extent the sample is biased in some socio-demographic respects. To provide a sense of the potential for such bias, the distribution of three socio-demographic variables from SOCON 11-12 — that is, age, sex, and level of urbanisation — were compared with census data for the Netherlands, dated January 1st 2011 (C.B.S.). In addition, χ^2 goodness-of-fit tests were executed to examine whether the deviations from the general Dutch population were significant.

We ascertained that the age distribution of the sample deviated significantly from the population's age-distribution ($\chi^2 = 30.3$, df = 4, p = .000). Respondents younger than 29, and those aged over 60 were somewhat underrepresented relative to their proportions in the Dutch population. The other middle-aged groups were somewhat overrepresented. Because men were slightly underrepresented relative to the proportion of the population they comprised and women somewhat overrepresented, the sex distribution in the sample also deviated statistically significant ($\chi^2 = 22.6$, df = 1, p = .000) from the sex distribution in the population. The deviations from the census figures for the level of urbanisation were also significant ($\chi^2 = 25.7$, df = 4, p = .000), indicating that people living in strongly urbanised settings were somewhat underrepresented whereas people living in rural areas were overrepresented.

In sum, the survey had somewhat better response rates from middle age groups than from the youngest and oldest age groups. Although the deviations from representativeness were not very large, researchers who do not want to ignore these deviations when estimating the distributions in the population or the effects of these variables related to age, may compensate for them by using caseweights in their analyses. Similar advices go for the characteristics sex and level of urbanisation. In any case, it is wise to keep potential estimation problems resulting from these biases in mind.

Another topic, which is not dealt with here, concerns the representativeness of the group of respondents that returned the drop-off questionnaire. It is recommended that users of the answers to questions in this questionnaire, check whether there are indications for self-selection with respect to the relevant variables in their research.

2 Documentation of the variables

This chapter documents the variables. It reports the guide to the codebook (2.1), a list of the variables (2.2), and their documentation (2.3).

2.1 Guide to the codebook

To illustrate the layout of the documentation of the variables documented in Section 2.3, an example is given in Scheme 2.1. The letters in parentheses refer to the notes presented after Scheme 2.1.

Scheme 2.1: Example of the layout of the documentation of the variables

(a) (b)				
V0203 religious belief great influence on daily life				
(c) My Christian faith has great influence on my daily life.				
(d) question identification: DR123_1				
(e) (f)		(g)		
1 agree entirely		99	10.0	11.7
2 agree		381	38.3	45.0
3 don't agree, don't disagree		175	17.6	20.7
4 don't agree		136	13.7	16.1
5 don't agree at all		55	5.5	6.5
6 never thought about		36	3.6	
9 no answer		6	.6	
. system missing		106	10.7	

(a) Indicates the variable number. A variable number has been assigned to each variable in the SPSS system file. These variable numbers are identical to the ones presented in this documentation. Many of the variables included in this survey were also included in previous surveys (please, check the references). These identical variables have the same variable numbers in all surveys.

(b) Indicates the variable label used in the SPSS system file. Because the maximum length of the variable labels was set at forty characters, a lot of abbreviations had to be used.

(c) Indicates the question or statement text in English. In some cases, this translation differs slighty, not substantially from the ones presented in previous documentations (please, check the references).

(d) The question identification indicates the number(s) of the question or statement in the original questionnaire(s). In case it starts with a V, it refers to the verbal or face-to-face questionnaire contained in Appendix 1. In case it starts with a DR, it refers to the drop-off questionnaire contained in Appendix 2. In case a variable is not based on a question or statement, no question identification is given.

(e) Indicates the code values for the single answer categories.

(f) Indicates the textual definition of the codes, that is, their value labels.

(g) Indicates the absolute frequencies (left column), the relative frequencies (middle column), and the adjusted (adjusted for missing value(s)) relative frequencies (right column) of the variables.

2.2 Variables description list

In this section, original variables as well as constructed variables are listed sequentially, according to the variable number in the data file. In order to provide readers with some conceptual clarity, the list contains headings of themes (in big capitals) and subthemes (in italics).

INTERVIEW DATA

ETHNOCENTRISM

Authoritarianism

Attitudes towards out-groups and in-group

POLITICS

Materialism / post-materialism

FAMILY BACKGROUD CHARACTERISTICS

21

ETHNOCENTRISM

Worries and objections

Trust

Networks and worries

23

24

ETHNOCENTRISM

Support for discrimination

Trust

Interethnic contacts

Support for equal rights

ENVIRONMENTALISM

2.3 Documentation of original variables

A0007   respondent identification number

Question

B0006   region

1	large cities	72	7.2	7.2
2	West	240	24.1	24.1
3	East	139	14.0	14.0
4	North	228	22.9	22.9
5	South	284	28.6	28.6
6	suburban district	31	3.1	3.1

E0001   survey method

1	round 1	759	76.4	76.4
2	round 2	170	17.1	17.1
3	round 3 via www	61	6.1	6.1
4	round 4 via www	4	.4	.4

E0002   drop-off questionnaire

1	version A	313	31.5	35.2
2	version B	290	29.2	32.7
3	version C	285	28.7	32.1
.	system missing	106	10.7	

M0001   municipality identification number

V0013   respondent sex

Question: V40

1	male	424	42.7	42.7
2	female	570	57.3	57.3

V0014   respondent year of birth
What year were you born in?

Question: V100

1941	12	1.2	1.2
1942	10	1.0	1.0
1943	9	.9	.9
1944	3	.3	.3
1945	5	.5	.5
1946	20	2.0	2.0
1947	18	1.8	1.8
1948	19	1.9	1.9
1949	26	2.6	2.6
1950	23	2.3	2.3
1951	17	1.7	1.7
1952	19	1.9	1.9
1953	25	2.5	2.5
1954	29	2.9	2.9
1955	23	2.3	2.3
1956	12	1.2	1.2
1957	25	2.5	2.5

1958	26	2.6	2.6
1959	27	2.7	2.7
1960	35	3.5	3.5
1961	28	2.8	2.8
1962	29	2.9	2.9
1963	19	1.9	1.9
1964	28	2.8	2.8
1965	24	2.4	2.4
1966	29	2.9	2.9
1967	34	3.4	3.4
1968	23	2.3	2.3
1969	22	2.2	2.2
1970	15	1.5	1.5
1971	19	1.9	1.9
1972	11	1.1	1.1
1973	25	2.5	2.5
1974	19	1.9	1.9
1975	19	1.9	1.9
1976	22	2.2	2.2
1977	20	2.0	2.0
1978	26	2.6	2.6
1979	21	2.1	2.1
1980	14	1.4	1.4
1981	9	.9	.9
1982	16	1.6	1.6
1983	11	1.1	1.1
1984	22	2.2	2.2
1985	15	1.5	1.5
1986	14	1.4	1.4
1987	14	1.4	1.4
1988	13	1.3	1.3
1989	10	1.0	1.0
1990	10	1.0	1.0
1991	10	1.0	1.0
1992	9	.9	.9
1993	11	1.1	1.1

V0016   employment respondent
Do you have a paid job at the moment?

Question : V200

1	yes	700	70.4	70.4
2	no	294	29.6	29.6

V0017   unemployed situation respondent
What do you do at the moment?

Question: V203

1	(early) retired	71	7.1	24.1
2	full-time education (student)	36	3.6	12.2
3	pensioned off, invalided	46	4.6	15.6
4	unemployed; previously had a job	33	3.3	11.2
5	unemployed; never had a job	1	.1	.3
6	does the housekeeping	71	7.1	24.1
7	mainly voluntary work without wage	12	1.2	4.1
8	else, unemployed	24	2.4	8.2
.	system missing	700	70.4	

28

V0018   did respondent ever have a paid job
        Did you ever have a paid job?

        Question: V206

        1   yes   229   23.0   88.1
        2   no   31   3.1   11.9
        9   no answer   34   3.4
        .   system missing   700   70.4

V0025   occupation respondent (SBC92)

V0025_ac   most important activities
            Could you explain your kind of work further by mentioning the most important
            activities you perform(ed)?

            Question: V212

V0025_co   company
            What kind of business or institution do or did you work in?

            Question: V215

V0025_oc   occupation
            What kind of work do or did you perform? Could you explain in detail which
            occupation you perform(ed)?

            Question: V209

V0025_sc   type of work

            Question: V209

V0025_si   type of company

            Question: V215

V0033   working hours per week respondent
        How many hours a week do or did you usually work?

        Question: V227

        2   4   .4   .4
        3   3   .3   .3
        4   5   .5   .5
        5   5   .5   .5
        6   3   .3   .3
        7   1   .1   .1
        8   9   .9   .9
        9   6   .6   .6
        10   18   1.8   1.9
        12   23   2.3   2.4
        13   3   .3   .3
        14   1   .1   .1
        15   19   1.9   2.0
        16   35   3.5   3.6
        17   2   .2   .2
        18   12   1.2   1.3
        19   2   .2   .2

29

20		63	6.3	6.6
21		4	.4	.4
22		4	.4	.4
23		1	.1	.1
24		40	4.0	4.2
25		11	1.1	1.1
26		7	.7	.7
27		6	.6	.6
28		23	2.3	2.4
29		2	.2	.2
30		38	3.8	4.0
32		79	7.9	8.2
33		4	.4	.4
34		10	1.0	1.0
35		6	.6	.6
36		78	7.8	8.1
37		3	.3	.3
38		46	4.6	4.8
40		242	24.3	25.2
42		3	.3	.3
43		1	.1	.1
45		21	2.1	2.2
46		2	.2	.2
47		2	.2	.2
48		8	.8	.8
49		1	.1	.1
50		44	4.4	4.6
55		14	1.4	1.5
58		1	.1	.1
60		28	2.8	2.9
65		3	.3	.3
70		7	.7	.7
72		1	.1	.1
75		3	.3	.3
80		3	.3	.3
99	no answer	2	.2	
.	system missing	32	3.2	

V0034   labour relation respondent
Do or did you work: in the civil service, in the private sector, as a self-employed person, or in your family's business?

Question: V230

1	wage earning (civil service)	222	22.3	23.1
2	wage earning (private sector)	609	61.3	63.3
3	self employed	126	12.7	13.1
4	assist in family business	5	.5	.5
.	system missing	32	3.2	

V0035   managerial position respondent
Do or did you give guidance to other people in your job?

Question: V233

1	no	657	66.1	68.3
2	yes, to less than 5 people	138	13.9	14.3
3	yes, to 5 to 9 people	67	6.7	7.0
4	yes, to 10 to 19 people	53	5.3	5.5
5	yes, to 20 to 49 people	28	2.8	2.9

6		yes, to 50 or more people	19	1.9	2.0
.		system missing	32	3.2	

V0036 has partner
Do you have a partner, i.e., someone you are married to or with whom you live together?

Question: V600

1		yes	712	71.6	71.6
2		no	282	28.4	28.4

V0037 marital state
What is your marital state?

Question: V615

1		not married and never been married	298	30.0	30.2
2		married	496	49.9	50.3
3		divorced	108	10.9	10.9
4		remarried	52	5.2	5.3
5		widow(-er)	33	3.3	3.3
8		no answer	7	.7	

V0038 number of children
How many children do you have?

Question: V625_1

0	297	29.9	29.9
1	128	12.9	12.9
2	373	37.5	37.5
3	143	14.4	14.4
4	33	3.3	3.3
5	12	1.2	1.2
6	5	.5	.5
8	2	.2	.2
9	1	.1	.1

V0040 highest education completed after elementary school
What was the highest school you completed after elementary school?

Question: V140

1		no completed school	42	4.2	4.2
2		lower vocational school (lbo)	141	14.2	14.2
3		lower secundary school (mulo, ulo, mavo, vmbo)	107	10.8	10.8
4		KMBO, VHBO	29	2.9	2.9
5		secondary vocational (mbo)	172	17.3	17.3
6		secondary vocational school (mbo plus)	74	7.4	7.4
7		O levels (mms havo)	57	5.7	5.7
8		A levels (hbs vwo)	45	4.5	4.5
9		college (hbo)	201	20.2	20.2
10		university (wo)	106	10.7	10.7
11		post-university education	10	1.0	1.0
12		phd or doctorate	6	.6	.6
13		other	3	.3	.3
99		no answer	1	.1	.1

V0080   political vote today
        Which national political party would you vote for if parliamentary elections were
        held today?

        Question: V515

1	VVD: Volkspartij voor Vrijheid en Democratie	174	17.5	17.5
2	PvdA: Partij van de Arbeid	117	11.8	11.8
3	PVV: Partij voor de Vrijheid	73	7.3	7.3
4	CDA: Christen Democratisch Appel	99	10.0	10.0
5	SP: Socialistische Partij	118	11.9	11.9
6	D66: Democraten 66	105	10.6	10.6
7	GroenLinks	65	6.5	6.5
8	CU: Christen Unie	40	4.0	4.0
9	SGP: Staatkundig Gereformeerde Partij	12	1.2	1.2
10	PvdD: Partij voor de Dieren	24	2.4	2.4
11	other party	10	1.0	1.0
12	refuses answer	3	.3	.3
13	do not know	96	9.7	9.7
14	do not vote	58	5.8	5.8

V0082   membership political party
        Are you member of a political party?

        Question: V520

1	yes	37	3.7	3.7
2	no	957	96.3	96.3

V0085   membership trade union
        Are you a member of a trade union or professional association?

        Question: V730

1	yes	216	21.7	21.7
2	no	778	78.3	78.3

V0101   how imp: getting on in life
        At the moment I consider important in my life: getting on in life.

        Question: V310_3

1	very much important	254	25.6	25.6
2	very important	335	33.7	33.7
3	important	328	33.0	33.0
4	not sure about that	36	3.6	3.6
5	unimportant	41	4.1	4.1

V0102   how imp: practising ones occupation
        At the moment I consider important in my life: practicing one's occupation.

        Question: V310_6

1	very much important	295	29.7	29.7
2	very important	351	35.3	35.3
3	important	288	29.0	29.0
4	not sure about that	27	2.7	2.7
5	unimportant	33	3.3	3.3

V0103   how imp: a good financial situation
At the moment I consider important in my life: being in a good financial situation.

Question: V310_10

1	very much important	181	18.2	18.2
2	very important	277	27.9	27.9
3	important	511	51.4	51.4
4	not sure about that	15	1.5	1.5
5	unimportant	10	1.0	1.0

V0104   how imp: social security
At the moment I consider important in my life: social security.

Question: V310_13

1	very much important	247	24.8	24.8
2	very important	377	37.9	37.9
3	important	343	34.5	34.5
4	not sure about that	12	1.2	1.2
5	unimportant	15	1.5	1.5

V0107   how imp: being married
At the moment I consider important in my life: being married.

Question: V310_1

1	very much important	155	15.6	15.6
2	very important	133	13.4	13.4
3	important	257	25.9	25.9
4	not sure about that	103	10.4	10.4
5	unimportant	346	34.8	34.8

V0108   how imp: having children
At the moment I consider important in my life: having children and raising them.

Question: V310_4

1	very much important	378	38.0	38.0
2	very important	263	26.5	26.5
3	important	211	21.2	21.2
4	not sure about that	57	5.7	5.7
5	unimportant	85	8.6	8.6

V0109   how imp: living for family
At the moment I consider important in my life: living for one's family.

Question: V310_9

1	very much important	466	46.9	46.9
2	very important	284	28.6	28.6
3	important	200	20.1	20.1
4	not sure about that	19	1.9	1.9
5	unimportant	25	2.5	2.5

V0112   how imp: reduction of income differences
At the moment I consider important in my life: contributing to the reduction of existing income differences.

Question: V310_5

1	very much important		117	11.8	11.8
2	very important		225	22.6	22.6
3	important		394	39.6	39.6
4	not sure about that		149	15.0	15.0
5	unimportant		109	11.0	11.0

V0113   how imp: promoting equality
At the moment I consider important in my life: promoting greater equality in society.

Question: V310_7

1	very much important		168	16.9	16.9
2	very important		287	28.9	28.9
3	important		402	40.4	40.4
4	not sure about that		91	9.2	9.2
5	unimportant		46	4.6	4.6

V0114   how imp: breaking through relations of power
At the moment I consider important in my life: breaking through existing relations of power.

Question: V310_14

1	very much important		110	11.1	11.1
2	very important		216	21.7	21.7
3	Important		385	38.7	38.7
4	not sure about that		173	17.4	17.4
5	unimportant		110	11.1	11.1

V0115   how imp: society in which everyone has voice
At the moment I consider important in my life: commitment to a society in which everyone has a voice.

Question: V310_11

1	very much important		179	18.0	18.0
2	very important		314	31.6	31.6
3	important		396	39.8	39.8
4	not sure about that		68	6.8	6.8
5	unimportant		37	3.7	3.7

V0116   how imp: enjoying life
At the moment I consider important in my life: enjoying life.

Question: V310_2

1	very much important		559	56.2	56.2
2	very important		284	28.6	28.6
3	important		144	14.5	14.5
4	not sure about that		4	.4	.4
5	unimportant		3	.3	.3

V0117   how imp: having fun
At the moment I consider important in my life: having fun.

Question: V310_8

1	very much important		446	44.9	44.9
2	very important		325	32.7	32.7
3	important		205	20.6	20.6
4	not sure about that		7	.7	.7
5	unimportant		11	1.1	1.1

V0118   how imp: experiencing new events
At the moment I consider important in my life: experiencing new events.

Question: V310_12

1	very much important	191	19.2	19.2
2	very important	331	33.3	33.3
3	important	389	39.1	39.1
4	not sure about that	52	5.2	5.2
5	unimportant	31	3.1	3.1

V0133   membership church respondent
Do you consider yourself a member of a Christian church of religious community?

Question: V400

1	yes	355	35.7	35.7
2	no	639	64.3	3

V0134   membership which church respondent
Which Christian church or religious community do you consider yourself a member of?

Question: V405

1	Christian: general	12	1.2	3.4
2	Protestant: Hersteld Hervormde Kerk	3	.3	.8
3	Roman Catholic	152	15.3	42.8
4	Protestant: Protestantse Kerk in NL	27	2.7	7.6
5	Protestant: Protestantse Kerk in NL voorheen NL Hervormd	34	3.4	9.6
6	Protestant: Protestantse Kerk in NL voorheen Gereformeerd	13	1.3	3.7
7	Protestant: Protestantse Kerk in NL voorheen Evangelisch Luthers	2	.2	.6
8	Protestant: Nederlands Hervormd: midden orthodoxe richting	1	.1	.3
9	Protestant: Nederlands Hervormd: confessionele richting	1	.1	.3
10	Protestant: Nederlands Hervormd: gereformeerde bond	3	.3	.8
11	Protestant: Nederlands Hervormd: vrijzinnige richting	1	.1	.3
13	Protestant: Nederlands Hervormd: general	12	1.2	3.4
14	Protestant: Gereformeerd: synodaal	8	.8	2.3
15	Protestant: Gereformeerd: vrijgemaakt	10	1.0	2.8
16	Protestant: Gereformeerd: buiten verband	1	.1	.3
17	Protestant: Gereformeerd: christelijk	3	.3	.8
18	Protestant: Gereformeerd: gereformeerde gemeenten	8	.8	2.3
19	Protestant: Gereformeerd: oud gereformeerde gemeenten			
20	Protestant: Gereformeerd: other	3	.3	.8

21	Protestant: Gereformeerd: general	4	.4	1.1
22	Eastern Orthodox	1	.1	.3
23	Other Christian church	24	2.4	6.8
24	Hinduism	2	.2	.6
25	Boeddhism	2	.2	.6
27	Judaism	1	.1	.3
28	Islam	25	2.5	7.0
30	other non-Christian religion	2	.2	.6
.	system missing	639	64.3	

V0136   special task within church
Do you have a special task or duty within this church?

Question: V430_1

1	yes	62	6.2	17.5
2	no	293	29.5	82.5
.	system missing	639	64.3	

V0137   active member church associations
Are you an active member of associations related to the church?

Question: V440

1	yes	90	9.1	25.4
2	no	265	26.7	74.6
.	system missing	639	64.3	

V0138   former membership church respondent
Were you a member of a Christian church or religious community, in the past?

Question: V445

1	yes	558	56.1	56.1
2	no	436	43.9	43.9

V0139   former member which church respondent
Were you a member of a Christian church or religious community, in the past?

Question: V450_1

1	Christian: general	16	1.6	2.9
2	Protestant: Hersteld Hervormde Kerk	6	.6	1.1
3	Roman Catholic	283	28.5	51.0
4	Protestant: Protestantse Kerk in NL	20	2.0	3.6
5	Protestant: Protestantse Kerk in NL voorheen NL Hervormd	33	3.3	5.9
6	Protestant: Protestantse Kerk in NL voorheen Gereformeerd	14	1.4	2.5
7	Protestant: Protestantse Kerk in NL voorheen Evangelisch Luthers	5	.5	.9
8	Protestant: Nederlands Hervormd: midden orthodoxe richting	5	.5	.9
9	Protestant: Nederlands Hervormd: confessionele richting	4	.4	.7
10	Protestant: Nederlands Hervormd: gereformeerde bond	6	.6	1.1
11	Protestant: Nederlands Hervormd: vrijzinnige richting	9	.9	1.6
12	Protestant: Nederlands Hervormd: other			

13	Protestant: Nederlands Hervormd: general	40	4.0	7.2
14	Protestant: Gereformeerd: synodaal	22	2.2	4.0
15	Protestant: Gereformeerd: vrijgemaakt	13	1.3	2.3
16	Protestant: Gereformeerd: buiten verband	1	.1	.2
17	Protestant: Gereformeerd: christelijk	11	1.1	2.0
18	Protestant: Gereformeerd: gereformeerde gemeenten	15	1.5	2.7
19	Protestant: Gereformeerd: oud gereformeerde gemeenten	1	.1	.2
20	Protestant: Gereformeerd: other	2	.2	.4
21	Protestant: Gereformeerd: general	8	.8	1.4
22	Eastern Orthodox	2	.2	.4
23	Other Christian church	18	1.8	3.2
24	Hinduism	2	.2	.4
25	Boeddhism	2	.2	.4
27	Judaism	1	.1	.2
28	Islam	14	1.4	2.5
30	other non-Christian religion	1	.1	.2
88	do not know	1	.1	.2
.	system missing	439	44.2	

V0143   attendance of religious services
Do you ever attend services of a church or religious community?

Question: V440

1	yes, about once a week	110	11.1	11.1
2	yes, about once a month	69	6.9	6.9
3	yes, once or twice a year	249	25.1	25.1
4	no, hardly ever / never	566	56.9	56.9

V0144   attendance of religious services on rtv
Do you ever attend religious services on radio or television?

Question: V457

1	yes, often	37	3.7	3.7
2	yes, sometimes	138	13.9	13.9
3	no, hardly ever / never	819	82.4	82.4

V0149   God concerned with every individual personally
There is a God who concerns Himself with every individual personally.

Question: V494_1

1	entirely convinced	117	11.8	12.0
2	convinced	146	14.7	15.0
3	in uncertainty	188	18.9	19.3
4	not convinced	246	24.7	25.3
5	not convinced at all	277	27.9	28.4
6	never thought about	20	2.0	

V0150   God wants to be our God
There is a God who wants to be our God.
Question: V494_5

1	entirely convinced	147	14.8	15.3
2	convinced	187	18.8	19.4
3	in uncertainty	187	18.8	19.4

4	not convinced	210	21.1	21.8
5	not convinced at all	231	23.2	24.0
6	never thought about	32	3.2	

V0155   there is supreme being who controls life
There is something like a Supreme Being who controls life.

Question: V494_8

1	entirely convinced	112	11.3	11.5
2	convinced	209	21.0	21.5
3	in uncertainty	232	23.3	23.9
4	not convinced	227	22.8	23.4
5	not convinced at all	192	19.3	19.8
6	never thought about	22	2.2	

V0156   believe in existence of supreme being
I believe in the existence of a Supreme Being.

Question: V494_7

1	entirely convinced	129	13.0	13.3
2	convinced	180	18.1	18.6
3	in uncertainty	181	18.2	18.7
4	not convinced	249	25.1	25.7
5	not convinced at all	230	23.1	23.7
6	never thought about	25	2.5	

V0158   God is the valuable in humankind
For me, God is nothing but the valuable in humankind.

Question: V494_2

1	entirely convinced	99	10.0	10.6
2	convinced	306	30.8	32.8
3	in uncertainty	202	20.3	21.7
4	not convinced	185	18.6	19.8
5	not convinced at all	140	14.1	15.0
6	never thought about	62	6.2	

V0159   God only exists in our hearts
God is not above us, He only exists in our hearts.

Question: V494_6

1	entirely convinced	122	12.3	12.7
2	convinced	358	36.0	37.3
3	in uncertainty	209	21.0	21.7
4	not convinced	149	15.0	15.5
5	not convinced at all	123	12.4	12.8
6	never thought about	33	3.3	

V0164   our lives determined by laws of nature
In the end, our lives are determined by the laws of nature.

Question: V494_3

1	entirely convinced	180	18.1	18.6
2	convinced	360	36.2	37.2
3	in uncertainty	193	19.4	20.0

4	not convinced	172	17.3	17.8
5	not convinced at all	62	6.2	6.4
6	never thought about	27	2.7	

V0165   life is an evolutionary process
Life is merely an evolutionary process.

Question: V494_4

1	entirely convinced	127	12.8	13.5
2	convinced	314	31.6	33.4
3	in uncertainty	233	23.4	24.8
4	not convinced	170	17.1	18.1
5	not convinced at all	97	9.8	10.3
6	never thought about	53	5.3	

V0166   life has meaning because existence of God
For me, life only has meaning because of the existence of a God.

Question: DR1111_1

1	entirely convinced	63	6.3	7.4
2	convinced	98	9.9	11.5
3	in uncertainty	88	8.9	10.4
4	not convinced	204	20.5	24.0
5	not convinced at all	396	39.8	46.6
6	never thought about	30	3.0	
9	no answer	9	.9	
·	system missing	106	10.7	

V0167   meaning because something after death
Life has meaning because there will be something after death.

Question: DR1112_1

1	entirely convinced	61	6.1	7.2
2	convinced	143	14.4	16.8
3	in uncertainty	233	23.4	27.3
4	not convinced	207	20.8	24.3
5	not convinced at all	208	20.9	24.4
6	never thought about	22	2.2	
9	no answer	14	1.4	
·	system missing	106	10.7	

V0170   life has meaning if you give it meaning
Life only has meaning if you yourself give it a meaning.

Question: DR1111_4

1	entirely convinced	183	18.4	21.2
2	convinced	533	53.6	61.6
3	in uncertainty	41	4.1	4.7
4	not convinced	79	7.9	9.1
5	not convinced at all	29	2.9	3.4
6	never thought about	11	1.1	
9	no answer	12	1.2	
·	system missing	106	10.7	

V0172   meaning of life is to make the best of it
The meaning of life is that you try to make the best of it.

Question: DR1112_4

1	entirely convinced	247	24.8	28.4
2	convinced	515	51.8	59.3
3	in uncertainty	44	4.4	5.1
4	not convinced	36	3.6	4.1
5	not convinced at all	27	2.7	3.1
6	never thought about	8	.8	
9	no answer	11	1.1	
.	system missing	106	10.7	

V0175   life has little meaning
According to me, life has little meaning.

Question: DR1111_6

1	entirely convinced	10	1.0	1.2
2	convinced	20	2.0	2.3
3	in uncertainty	48	4.8	5.6
4	not convinced	262	26.4	30.7
5	not convinced at all	514	51.7	60.2
6	never thought about	23	2.3	
9	no answer	11	1.1	
.	system missing	106	10.7	

V0177   life has no purpose
According to me, life has no purpose at all.

Question: DR1112_6

1	entirely convinced	17	1.7	2.0
2	convinced	38	3.8	4.5
3	in uncertainty	119	12.0	14.2
4	not convinced	314	31.6	37.5
5	not convinced at all	350	35.2	41.8
6	never thought about	37	3.7	
9	no answer	13	1.3	
.	system missing	106	10.7	

V0179   death has meaning if you believe in God
Death only has meaning if you believe in God.

Question: DR1111_7

1	entirely convinced	47	4.7	5.6
2	convinced	90	9.1	10.8
3	in uncertainty	82	8.2	9.8
4	not convinced	222	22.3	26.5
5	not convinced at all	396	39.8	47.3
6	never thought about	41	4.1	
9	no answer	10	1.0	
.	system missing	106	10.7	

V0180   death is the passage to another life
Death is the passage to another life.

Question: DR1112_7

1	entirely convinced	70	7.0	8.3

2	convinced	136	13.7	16.1
3	in uncertainty	244	24.5	28.8
4	not convinced	192	19.3	22.7
5	not convinced at all	205	20.6	24.2
6	never thought about	30	3.0	
9	no answer	11	1.1	
.	system missing	106	10.7	

V0181 believe in God can bear a lot of pain
If you believe in God you can bear a lot of pain during illness.

Question: DR1111_8

1	entirely convinced	41	4.1	4.8
2	convinced	142	14.3	16.7
3	in uncertainty	157	15.8	18.5
4	not convinced	213	21.4	25.1
5	not convinced at all	297	29.9	34.9
6	never thought about	27	2.7	
9	no answer	11	1.1	
.	system missing	106	10.7	

V0182 sorrow has meaning if you believe in God
For me, sorrow and suffering have meaning only if you believe in God.

Question: DR1112_8

1	entirely convinced	32	3.2	3.8
2	convinced	86	8.7	10.2
3	in uncertainty	107	10.8	12.7
4	not convinced	237	23.8	28.1
5	not convinced at all	382	38.4	45.3
6	never thought about	31	3.1	
9	no answer	13	1.3	
.	system missing	106	10.7	

V0188 death is a natural rest
If you have lived your life then death is a natural rest.

Question: DR1111_9

1	entirely convinced	124	12.5	15.2
2	convinced	398	40.0	48.7
3	in uncertainty	145	14.6	17.7
4	not convinced	86	8.7	10.5
5	not convinced at all	65	6.5	7.9
6	never thought about	57	5.7	
9	no answer	13	1.3	
.	system missing	106	10.7	

V0190 death is part of life
Death is part of life, there is nothing problematical in that.

Question: DR1112_9

1	entirely convinced	200	20.1	23.2
2	convinced	455	45.8	52.7
3	in uncertainty	113	11.4	13.1
4	not convinced	66	6.6	7.6
5	not convinced at all	29	2.9	3.4

6	never thought about	14	1.4	
9	no answer	11	1.1	
.	system missing	106	10.7	

V0195   death is the definite end of everything
Death is the definite end of everything.

Question: DR1111_3

1	entirely convinced	116	11.7	13.4
2	Convinced	152	15.3	17.6
3	in uncertainty	226	22.7	26.1
4	not convinced	208	20.9	24.0
5	not convinced at all	164	16.5	18.9
6	never thought about	12	1.2	
9	no answer	10	1.0	
.	system missing	106	10.7	

V0196   death has no meaning at all
For me, death has no meaning at all.

Question: DR1112_3

1	entirely convinced	41	4.1	5.0
2	convinced	120	12.1	14.7
3	in uncertainty	195	19.6	23.8
4	not convinced	307	30.9	37.5
5	not convinced at all	155	15.6	18.9
6	never thought about	59	5.9	
9	no answer	11	1.1	
.	system missing	106	10.7	

V0197   suffering has no meaning
Suffering exists, but it has no meaning at all.

Question: DR1111_5

1	entirely convinced	64	6.4	7.9
2	convinced	227	22.8	27.9
3	in uncertainty	235	23.6	28.8
4	not convinced	226	22.7	27.7
5	not convinced at all	63	6.3	7.7
6	never thought about	62	6.2	
9	no answer	11	1.1	
.	system missing	106	10.7	

V0198   sorrow has no purpose
Sorrow that people experience has no purpose at all.

Question: DR1112_5

1	entirely convinced	91	9.2	10.9
2	convinced	256	25.8	30.6
3	in uncertainty	214	21.5	25.6
4	not convinced	200	20.1	23.9
5	not convinced at all	75	7.5	9.0
6	never thought about	41	4.1	
9	no answer	11	1.1	
.	system missing	106	10.7	

V0199   good in the world originates from God
        Everything good that exists in the world originates from God.

        Question: DR123_4

1	agree entirely	52	5.2	6.1
2	agree	97	9.8	11.5
3	do not agree, do not disagree	143	14.4	16.9
4	do not agree	237	23.8	28.0
5	do not agree at all	317	31.9	35.7
6	never thought about	33	3.3	
9	no answer	9	.9	
.	system missing	106	10.7	

V0200   God ensures that good will conquer evil
        God ensures that, in the end, good will conquer evil.

        Question: DR123_5

1	agree entirely	61	6.1	7.2
2	agree	102	10.3	12.0
3	do not agree, do not disagree	146	14.7	17.2
4	do not agree	225	22.6	26.5
5	do not agree at all	316	31.8	37.2
6	never thought about	30	3.0	
9	no answer	8	.8	
.	system missing	106	10.7	

V0201   good and evil are the work of man
        Good and evil in the world are entirely the work of man.

        Question: DR123_6

1	agree entirely	184	18.5	21.7
2	agree	424	42.7	50.0
3	do not agree, do not disagree	132	13.3	15.6
4	do not agree	72	7.2	8.5
5	do not agree at all	36	3.6	4.2
6	never thought about	33	3.3	
9	no answer	7	.7	
.	system missing	106	10.7	

V0202   good and evil has to be solved by humankind
        The problem of good and evil has to be solved by humankind itself.

        Question: DR123_7

1	agree entirely	233	23.4	26.9
2	agree	491	49.4	56.8
3	do not agree, do not disagree	93	9.4	10.8
4	do not agree	31	3.1	3.6
5	do not agree at all	17	1.7	2.0
6	never thought about	18	1.8	
9	no answer	5	.5	
.	system missing	106	10.7	

V0203   religious belief great influence on daily life
        My Christian faith has great influence of my daily life.

        Question: DR123_1

1	agree entirely		99	10.0	11.7
2	agree		381	38.3	45.0
3	do not agree, do not disagree		175	17.6	20.7
4	do not agree		136	13.7	16.1
5	do not agree at all		55	5.5	6.5
6	never thought about		36	3.6	
9	no answer		6	.6	
.	system missing		106	10.7	

V0204   faith plays part when I make decisions
When I have to make important decisions, my Christian faith plays a major part in it.

Question: DR123_2

1	agree entirely		86	8.7	10.1
2	agree		359	36.1	42.3
3	do not agree, do not disagree		156	15.7	18.4
4	do not agree		181	18.2	21.3
5	do not agree at all		66	6.6	7.8
6	never thought about		34	3.4	
9	no answer		86	8.7	
.	system missing		106	10.7	

V0205   faith influence on political attitudes
My Christian faith has great influence on my political attitudes.

Question: DR123_3

1	agree entirely		66	6.6	8.0
2	agree		289	29.1	34.9
3	do not agree, do not disagree		206	20.7	24.9
4	do not agree		197	19.8	23.8
5	do not agree at all		69	6.9	8.3
6	never thought about		53	5.3	
9	no answer		8	.8	
.	system missing		106	10.7	

V0216   trade unions have to adopt harder line
Trade unions have to adopt a much harder line if they really are to promote workers' interests.

Question: V745_1

1	agree entirely		94	9.5	10.3
2	agree		359	36.1	39.3
3	do not agree, do not disagree		226	22.7	24.7
4	do not agree		196	19.7	21.4
5	do not agree at all		39	3.9	4.3
6	never thought about		80	8.0	

V0217   unions have to advise members how to vote
Trade unions have to advise their members to vote for the parties that promote workers' interests best.

Question: V745_2

1	agree entirely		53	5.3	5.7
2	agree		250	25.2	26.9

3	do not agree, do not disagree	184	18.5	19.8
4	do not agree	313	31.5	33.7
5	do not agree at all	130	13.1	14.0
6	never thought about	64	6.4	

V0218   workers still to struggle for equality
Workers still have to struggle for an equal position in society.

Question: V745_3

1	agree entirely	107	10.8	11.3
2	agree	471	47.4	49.6
3	do not agree, do not disagree	187	18.8	19.7
4	do not agree	167	16.8	17.6
5	do not agree at all	17	1.7	1.8
6	never thought about	45	4.5	

V0219   class differences ought to be smaller
Differences between classes ought to be smaller than they are at present.

Question: V745_4

1	agree entirely	118	11.9	12.3
2	agree	486	48.9	50.8
3	do not agree, do not disagree	211	21.2	22.0
4	do not agree	126	12.7	13.2
5	do not agree at all	16	1.6	1.7
6	never thought about	37	3.7	

V0220   income differences should change
Would you like the differences between the high and low incomes to become greater or smaller? Or would you like them to remain the same?

Question: V755

1	great differences	12	1.2	1.3
2	remain the same	280	28.2	29.2
3	smaller differences	667	67.1	69.6
8	no answer	22	2.2	
9	do not know	13	1.3	

V0221   opposition to government intervention
Are you in favour of or against drastic government intervention to reduce income differences?

Question: V760

1	in favour of	594	59.8	61.4
2	against	235	23.6	24.3
3	no opinion	138	13.9	14.3
9	do not know	27	2.7	

V0223   speak in public
Do you think everybody in our country ought to be free to say whatever he / she wants to in public? Or do you think this freedom should be restricted in one way or another?

Question: V810_1

| 1 | everybody should be free to | 722 | 72.6 | 72.6 |

2	freedom should be restricted	272	27.4	27.4

V0223b ethnic minorities: speak in public
Do you think ethnic minorities in our country ought to be free to say whatever he / she wants to in public? Or do you think this freedom should be restricted in one way or another?

Question: V814_1

1	ethnic minorities should be free to	680	68.4	68.4
2	freedom should be restricted	314	31.6	31.6

V0224 write in public
Do you think everybody in our country ought to be free to write whatever he / she wants to in public? Or do you think this freedom should be restricted in one way or another?

Question: V810_2

1	everybody should be free to	697	70.1	70.1
2	freedom should be restricted	297	29.9	29.9

V0224b ethnic minorities: write in public
Do you think ethnic minorities in our country ought to be free to write whatever he / she wants to in public? Or do you think this freedom should be restricted in one way or another?

Question: V814_2

1	ethnic minorities should be free to	660	66.4	66.4
2	freedom should be restricted	334	33.6	33.6

V0225 demonstrate
Do you think everybody in our country ought to be free to demonstrate in favour of or against a cause? Or do you think this freedom should be restricted in one way or another?

Question: V810_3

1	everybody should be free to	884	88.9	88.9
2	freedom should be restricted	110	11.1	11.1

V0225b ethnic minorities: demonstrate
Do you think ethnic minorities in our country ought to be free to demonstrate in favour of or against a cause? Or do you think this freedom should be restricted in one way or another?

Question: V814_3

1	ethnic minorities should be free to	789	79.4	79.4
2	freedom should be restricted	205	20.6	20.6

V0226 criticize royal house in public
Do you think everybody in our country ought to be free to criticize the Royal House in public? Or do you think this freedom should be restricted in one way or another?

Question: V810_4

1	everybody should be free to	735	73.9	73.9

| 2 | freedom should be restricted | 259 | 26.1 | 26.1 |

V0228 occupy buildings

Do you think everybody in this country ought to be free to occupy buildings (e.g., schools, factories or universities) to enforce justified demands? Or do you think this freedom should be restricted in one way or another?

Question: V810_5

| 1 | everybody should be free to | 310 | 31.2 | 31.2 |
| 2 | freedom should be restricted | 684 | 68.8 | 68.8 |

V0229 family planning

A married couple chooses to have no children even though there are no medical reasons why they should not. Can you accept such an attitude, or do you consider this unacceptable?

Question: V1029

1	I can accept such an attitude	895	90.0	91.0
2	unacceptable	28	2.8	2.8
3	no opinion	60	6.0	6.1
8	no answer	11	1.1	

V0230 abortion without further preface

Do you think it should be possible for a woman to have an abortion without further preface, if she wants to?

Question: V1030

1	yes	653	65.7	66.8
2	no	280	28.2	28.7
3	no opinion	44	4.4	4.5
8	no answer	17	1.7	

V0231 active euthanasia

Imagine a doctor could put an end to a person's suffering at this own request, by administering an injection. According to you, should he do it or should he not?

Question: V1035

1	he should	792	79.7	82.4
2	he should not	107	10.8	11.1
3	no opinion	62	6.2	6.5
8	no answer	16	1.6	
9	do not know	17	1.7	1.7

V0232 abortion under circumstances

According to you, are there circumstances in which abortion (i.e., deliberate interruption of pregnancy) should be permitted?

Question: V1040

1	yes	890	89.5	90.3
2	no	61	6.1	6.2
3	no opinion	35	3.5	3.5
8	no answer	8	.8	

V0233 suicide

Do you think people should have the right to kill themselves if they want to, or do you think this should be prevented?

Question: V1045

1	they should have the right	307	30.9	32.0
2	depends on circumstances	449	45.2	46.8
3	this should be prevented	203	20.4	21.2
8	no answer	14	1.4	
9	do not know / no opinion	21	2.1	

V0234   woman better suited to raise children
A woman is better suited to raise small children than a man.

Question: V1019_1

1	agree entirely	78	7.8	7.9
2	agree	284	28.6	28.7
3	do not agree, do not disagree	174	17.5	17.6
4	do not agree	309	31.1	31.3
5	do not agree at all	143	14.4	14.5
6	never thought about	6	.6	

V0235   girl's education not as important as boys
It is not really as important for a girl to get a good education as it is for a boy.

Question: V1019_2

1	agree entirely	16	1.6	1.6
2	agree	25	2.5	2.5
3	do not agree, do not disagree	33	3.3	3.3
4	do not agree	319	32.1	32.2
5	do not agree at all	599	60.3	60.4
6	never thought about	2	.2	

V0236   boys can be brought up freer than girls
It cannot be helped, but in general, boys can be brought up freer than girls.

Question: V1019_3

1	agree entirely	15	1.5	1.5
2	agree	112	11.3	11.5
3	do not agree, do not disagree	139	14.0	14.2
4	do not agree	460	46.3	47.0
5	do not agree at all	252	25.4	25.8
6	never thought about	16	1.6	

V0237   unnatural if women give guidance to men
It is unnatural if women give guidance to men in a company.

Question: V1019_4

1	agree entirely	11	1.1	1.1
2	agree	26	2.6	2.6
3	do not agree, do not disagree	60	6.0	6.1
4	do not agree	436	43.9	44.2
5	do not agree at all	454	45.7	46.0
6	never thought about	7	.7	

V0240   since what year living at this address

Since what year do you live at this address?

Question: V236

1949	2	.2	.2
1950	1	.1	.1
1963	1	.1	.1
1965	1	.1	.1
1966	1	.1	.1
1967	1	.1	.1
1968	2	.2	.2
1969	1	.1	.1
1970	2	.2	.2
1971	4	.4	.4
1972	6	.6	.6
1973	4	.4	.4
1974	5	.5	.5
1975	4	.4	.4
1976	4	.4	.4
1977	3	.3	.3
1978	7	.7	.7
1979	8	.8	.8
1980	10	1.0	1.0
1981	5	.5	.5
1982	9	.9	.9
1983	12	1.2	1.2
1984	15	1.5	1.5
1985	11	1.1	1.1
1986	9	.9	.9
1987	14	1.4	1.4
1988	20	2.0	2.0
1989	20	2.0	2.0
1990	16	1.6	1.6
1991	16	1.6	1.6
1992	20	2.0	2.0
1993	29	2.9	2.9
1994	20	2.0	2.0
1995	28	2.8	2.8
1996	23	2.3	2.3
1997	27	2.7	2.7
1998	35	3.5	3.5
1999	21	2.1	2.1
2000	29	2.9	2.9
2001	35	3.5	3.5
2002	30	3.0	3.0
2003	31	3.1	3.1
2004	38	3.8	3.8
2005	50	5.0	5.0
2006	53	5.3	5.3
2007	66	6.6	6.6
2008	69	6.9	6.9
2009	61	6.1	6.1
2010	63	6.3	6.3
2011	52	5.2	5.2

V0241   number of removals last ten years
How many times did you move houses in the last ten years?

Question: V239

49

1	never	441	44.4	44.4
2	once	262	26.4	26.4
3	twice	129	13.0	13.0
4	three times or more	162	16.3	16.3

V0268   interviewer identification number

Question: V30

V0277   date of interview

Question: V20

V0281   interview duration

1	45 min or less	239	24.0	24.0
2	45-59 min	407	40.9	40.9
3	60-74 min	226	22.7	22.7
4	75-89 min	82	8.2	8.2
5	90 min or more	40	4.0	4.0

V0623   two sorts of people
There are two sorts of people: the strong and the weak.

Question: V340_5

1	agree entirely	79	7.9	8.1
2	agree	274	27.6	28.0
3	do not agree, do not disagree	187	18.8	19.1
4	do not agree	311	31.3	31.8
5	do not agree at all	126	12.7	12.9
6	never thought about	17	1.7	

V0626   get rid of immoral people
Our social problems would be largely solved, if we could somehow get rid of
immoral and dishonest people.

Question: V340_9

1	agree entirely	78	7.8	8.1
2	agree	378	38.0	39.4
3	do not agree, do not disagree	210	21.1	21.9
4	do not agree	246	24.7	25.7
5	do not agree at all	47	4.7	4.9
6	never thought about	35	3.5	

V0627   our country needs strong leaders
What we need are less laws and less institutions, and more courageous,
indefatigable, and devoted leaders, in whom the people can put their faith.

Question: V340_4

1	agree entirely	186	18.7	19.2
2	agree	362	36.4	37.3
3	do not agree, do not disagree	194	19.5	20.0
4	do not agree	181	18.2	18.7
5	do not agree at all	47	4.7	4.8
6	never thought about	24	2.4	

V0639   minorities get turn before Dutch people

Regarding the distribution of houses, people from ethnic minorities get their turn before Dutch people do.

Question: V1009_3

1	agree entirely	36	3.6	4.7
2	agree	126	12.7	16.5
3	do not agree, do not disagree	230	23.1	30.1
4	do not agree	307	30.9	40.2
5	do not agree at all	65	6.5	8.5
6	never thought about	92	9.3	
.	system missing	138	13.9	

V0640 education for ethnic children at expense of Dutch children
Education for children from ethnic minorities is at the expense of Dutch children.

Question: V1009_6

1	agree entirely	32	3.2	3.8
2	agree	160	16.1	19.1
3	do not agree, do not disagree	211	21.2	25.2
4	do not agree	356	35.8	42.5
5	do not agree at all	79	7.9	9.4
6	never thought about	18	1.8	
.	system missing	138	13.9	

V0642 Dutch people fired because of minorities
The day will come that Dutch people will be fired to give jobs to people from ethnic minorities.

Question: V1009_4

1	agree entirely	34	3.4	4.1
2	agree	153	15.4	18.7
3	do not agree, do not disagree	167	16.8	20.4
4	do not agree	361	36.3	44.0
5	do not agree at all	105	10.6	12.8
6	never thought about	36	3.6	
.	system missing	138	13.9	

V0649 never know whether Moroccans aggressive
With Moroccans you never know for certain whether they are going to be aggressive or not.

Question: V1002_2

1	agree entirely	58	5.8	7.1
2	agree	176	17.7	21.5
3	do not agree, do not disagree	235	23.6	28.7
4	do not agree	274	27.6	33.4
5	do not agree at all	77	7.7	9.4
6	never thought about	36	3.6	
.	system missing	138	13.9	

V0650 people from Surinam work slowly
Most people from Surinam work quite slowly.

Question: V1002_4

1	agree entirely	41	4.1	5.2

2	agree	196	19.7	24.7
3	do not agree, do not disagree	275	27.7	34.7
4	do not agree	226	22.7	28.5
5	do not agree at all	54	5.4	6.8
6	never thought about	64	6.4	
.	system missing	138	13.9	

V0651   gypsies are never to be trusted
Gypsies are never to be trusted.

Question: V1002_6

1	agree entirely	42	4.2	5.3
2	agree	136	13.7	17.0
3	do not agree, do not disagree	271	27.3	34.0
4	do not agree	294	29.6	36.8
5	do not agree at all	55	5.5	6.9
6	never thought about	58	5.8	
.	system missing	138	13.9	

V0654   Turks are backward
Turks are backward.

Question: V1002_7

1	agree entirely	23	2.3	2.8
2	agree	56	5.6	6.9
3	do not agree, do not disagree	182	18.3	22.4
4	do not agree	387	38.9	47.6
5	do not agree at all	165	16.6	20.3
6	never thought about	43	4.3	
.	system missing	138	13.9	

V0655   extra careful with Jews
When you do business with Jews, you have to be extra careful.

Question: V1002_10

1	agree entirely	19	1.9	2.4
2	agree	75	7.5	9.4
3	do not agree, do not disagree	185	18.6	23.3
4	do not agree	363	36.5	45.7
5	do not agree at all	153	15.4	19.2
6	never thought about	61	6.1	
.	system missing	138	13.9	

V0657   Dutch people put shoulders to the wheel
We, the Dutch people, are always willing to put out shoulders to the wheel.

Question: V340_2

1	agree entirely	75	7.5	7.6
2	agree	385	38.7	39.0
3	do not agree, do not disagree	299	30.1	30.3
4	do not agree	210	21.1	21.3
5	do not agree at all	19	1.9	1.9
6	never thought about	6	.6	

V0658   Holland is a better country
Generally speaking, Holland is a better country than most countries.

Question: V340_6

1	agree entirely	135	13.6	13.7
2	agree	462	46.5	47.0
3	do not agree, do not disagree	231	23.2	23.5
4	do not agree	131	13.2	13.3
5	do not agree at all	24	2.4	2.4
6	never thought about	11	1.1	

V0663   Dutchman should honour national symbols
Every Dutchman ought to pay honour to our national symbols like the national flag and the national anthem.

Question: V340_7

1	agree entirely	184	18.5	18.8
2	agree	449	45.2	45.8
3	do not agree, do not disagree	193	19.4	19.7
4	do not agree	124	12.5	12.6
5	do not agree at all	31	3.1	3.2
6	never thought about	13	1.3	

V0665   proud to be Dutch
I am proud to be a Dutchman.

Question: V340_1

1	agree entirely	243	24.4	25.1
2	agree	484	48.7	49.9
3	do not agree, do not disagree	178	17.9	18.4
4	do not agree	51	5.1	5.3
5	do not agree at all	13	1.3	1.3
6	never thought about	25	2.5	

V0679   maintaining order in this country
Maintaining order in this country.

Question: V765/V766/V767

1	order 1 most desirable	391	39.3	39.3
2	order 2	299	30.1	30.1
3	order 3	188	18.9	18.9
4	order 4 least desirable	116	11.7	11.7

V0680   more to say in decisions
Giving people more to say in the decisions of the government.

Question: V765/V766/V767

1	order 1 most desirable	149	15.0	15.0
2	order 2	202	20.3	20.3
3	order 3	344	34.6	34.6
4	order 4 least desirable	299	30.1	30.1

V0681   fighting against rising prices
Fighting against rising prices.

Question: V765/V766/V767

1	order 1 most desirable	144	14.5	14.5
2	order 2	181	18.2	18.2
3	order 3	253	25.5	25.5
4	order 4 least desirable	416	41.9	41.9

V0682   protecting freedom of speech
Protecting the freedom of speech.

Question: V765/V766/V767

1	order 1 most desirable	310	31.2	31.2
2	order 2	312	31.4	31.4
3	order 3	209	21.0	21.0
4	order 4 least desirable	163	16.4	16.4

V0715   political orientation
Political attitudes are often said to be 'left' or 'right'. This scale ranges from left to right. If you think of your own political attitudes, where would you put yourself?

Question: V500

1	left	35	3.5	3.5
2		36	3.6	3.6
3		109	11.0	11.0
4		158	15.9	15.9
5		279	28.1	28.1
6		117	11.8	11.8
7		155	15.6	15.6
8		82	8.2	8.2
9		12	1.2	1.2
10	right	11	1.1	1.1

V0718   interest in politics
Some people regularly follow what is going on with the government and in politics, while others are not interested that much. How is that with you? Are you very interested in politics, somewhat, not much, or not interested at all?

Question: V510

1	very interested	216	21.7	21.7
2	somewhat interested	524	52.7	52.7
3	not much interested	165	16.6	16.6
4	not interested at all	89	9.0	9.0

V0815   social class respondent (EGP)

1	higher-grade professionals, administrators, and officials; large proprietors	110	11.1	11.8
2	lower-grade professionals, administrators, and officials; higher grade technicians; supervisors non-manual employees	264	26.6	28.2
3	routine non-manual employees, higher grade - administration and commerce	151	15.2	16.1
4	routine non-manual employees, lower grade – sales and services	121	12.2	12.9
5	self-employed (small proprietors, artisans, etc.) with employees	17	1.7	1.8
6	self-employed (small proprietors, artisans, etc.) with no employees	30	3.0	3.2
7	self-employed farmers and smallholders; other	9	.9	1.0

	self-employed workers in primary production			
8	lower-grade technicians, supervisors of manual workers	5	.5	.5
9	skilled manual workers	74	7.4	7.9
10	semi- and unskilled manual workers (not in agriculture)	140	14.1	15.0
11	agricultural workers	14	1.4	1.5
.	system missing	59	5.9	

V1180   province identification number

1	Groningen	43	4.3	4.3
2	Friesland	47	4.7	4.7
3	Drente	49	4.9	4.9
4	Overijssel	77	7.7	7.7
5	Flevoland	25	2.5	2.5
6	Gelderland	126	12.7	12.7
7	Utrecht	63	6.3	6.3
8	Noord-Holland	91	9.2	9.2
9	Zuid-Holland	189	19.0	19.0
10	Zeeland	20	2.0	2.0
11	Noord-Brabant	175	17.6	17.6
12	Limburg	89	9.0	9.0

V1200   cope with sorrow and adversity yourself
You yourself have to cope with sorrow and adversity in life the best way you can.

Question: DR1111_2

1	entirely convinced	163	16.4	18.7
2	convinced	547	55.0	62.7
3	in uncertainty	57	5.7	6.5
4	not convinced	89	9.0	10.2
5	not convinced at all	17	1.7	1.9
6	never thought about	6	.6	
9	no information	9	.9	
.	system missing	106	10.7	

V1201   suffering and sorrow part of life
Suffering and sorrow are part of life, you yourself have to give them a meaning.

Question: DR1112_2

1	entirely convinced	127	12.8	14.8
2	convinced	557	56.0	64.8
3	in uncertainty	106	10.7	12.3
4	not convinced	52	5.2	6.0
5	not convinced at all	18	1.8	2.1
6	never thought about	18	1.8	
9	no information	10	1.0	
.	system missing	106	10.7	

V1239   employment father
Did your father have a paid job when you were 12 years of age? Or: in case he died before you were 12, in the time before he passed away?

Question: V905

1	yes	932	93.8	96.0
2	no	39	3.9	4.0

8	no answer	2	.2	
9	do not know	21	2.1	

V1240 unemployment situation father
What did he do at the time?

Question: V910

2	pensioned off, invalided	14	1.4	42.2
3	unemployed; previously had a job	3	.3	9.7
4	does the housekeeping	3	.3	9.7
5	else, unemployed	11	1.1	35.5
8	no answer	6	.6	
9	do not know	2	.2	
·	system missing	955	96.1	

V1241 had father ever had a paid job
Had he had a paid job before that time?

Question: V915

1	yes	32	3.2	94.1
2	no	2	.2	5.9
8	no answer	1	.1	
9	do not know	1	.1	
·	system missing	958	96.4	

V1242 occupation father (SBC92)

Question: V925_1

V1242_ac most important activities father
Could you explain his kind of work further by mentioning the most important activities he performed?

Question: V926_1

V1242_co company father
In what kind of business or institution was he employed?

Question: V927_1

V1242_oc occupation father
What kind of work did he perform? Could you explain in detail which occupation he perform(ed)?

Question: V925_1

V1242_sc type of work father

Question: C925_1

V1242_si type of company father

Question: C927_1

V1244 working hours per week father
How many hours did he work usually?

Question : V928_1

56

5			1	.1	.1
6			1	.1	.1
12			1	.1	.1
16			1	.1	.1
20			1	.1	.1
24			2	.2	.2
30			5	.5	.5
32			2	.2	.2
33			1	.1	.1
35			1	.1	.1
36			9	.9	1.0
38			11	1.1	1.2
40			519	52.2	55.2
42			5	.5	.5
44			6	.6	.6
45			45	4.5	4.8
46			1	.1	.1
48			19	1.9	2.0
50			94	9.5	10.0
52			2	.2	.2
54			3	.3	.3
55			10	1.0	1.1
60			119	12.0	12.7
65			14	1.4	1.5
66			1	.1	.1
70			29	2.9	3.1
75			4	.4	.4
80			31	3.1	3.3
86			1	.1	.1
90			1	.1	.1
97	do not know		24	2.4	
98	not applicable		2	.2	
99	no answer		1	.1	
.	system missing		27	2.7	

V1245 labour relation father
Did he work: in the civil service, in the private sector, as a self-employed person, or in his family's business.

Question : V930

1	wage earning (civil service)		207	20.8	21.6
2	wage earning (private sector)		513	51.6	53.6
3	self employed		232	23.3	24.2
4	assist in family business		5	.5	.5
9	do not know		10	1.0	
.	system missing		27	2.7	

V1246 managerial position father
Did he give guidance to other people in his job?

Question: V935

1	no		482	48.5	52.3
2	yes, to less than 5 people		178	17.9	19.3
3	yes, to 5 to 9 people		108	10.9	11.7
4	yes, to 10 to 19 people		73	7.3	7.9
5	yes, to 20 to 49 people		44	4.4	4.8
6	yes, to 50 or more people		37	3.7	4.0

9		no answer	45	4.5
.		system missing	27	2.7

V1247 employment partner
Does your partner have a paid job at the moment?

Question: V670

1		yes	580	58.4	75.3
2		no	190	19.1	24.7
.		system missing	224	22.5	

V1248 unemployed situation partner
What does your partner do at the moment?

Question: V675

1		(early) retired	49	4.9	25.8
2		full-time education (student)	12	1.2	6.3
3		pensioned off, invalided	32	3.2	16.8
4		unemployed; previously had a job	13	1.3	6.8
5		unemployed; never had a job	2	.2	1.1
6		does the housekeeping	65	6.5	34.2
7		mainly voluntary work without wage	4	.4	2.1
8		else, unemployed	13	1.3	6.8
.		system missing	804	80.9	

V1249 did partner ever have a paid job
Did he / she ever have a paid job?

Question: V680

1		yes	155	15.6	88.6
2		no	20	2.0	11.4
.		system missing	819	82.4	

V1250 occupation partner (SBC92)

V1250_ac most important activities partner
Could you explain his / her kind of work further by mentioning the most important activities he / she perform(ed)?

Question: V687_1

V1250_co company partner
In what kind of business or institution is or was he / she employed?

Question: V689_1

V1250_oc occupation partner
What kind of work does or did he / she perform? Could you explain in detail which occupation he / she perform(ed)?

Question : V685_1

V1250_sc type of work partner

Question: C685_1

V1250_si type of company partner

Question: C689_1

V1252   working hours per week partner
        How many hours a week does or did he / she usually work?

        Question : V691_1

V1253   labour relation partner
        Does or did he / she work: in the civil service, in the private sector, as a self-
        employed person, or in his / her family's business?

        Question : V693

1	wage earning (civil service)	167	16.8	22.6
2	wage earning (private sector)	466	46.9	63.1
3	self employed	98	9.9	13.3
4	assist in family business	8	.8	1.1
8	refuses answer	1	.1	
9	do not know	8	.8	
.	system missing	246	24.7	

V1254   managerial position partner
        Does or did he / she give guidance to other people in his / her job?

        Question: V695

1	no	490	49.3	66.2
2	yes, to less than 5 people	100	10.1	13.5
3	yes, to 5 to 9 people	62	6.2	8.4
4	yes, to 10 to 19 people	44	4.4	5.9
5	yes, to 20 to 49 people	23	2.3	3.1
6	yes, to 50 or more people	21	2.1	2.8
8	no answer	1	.1	
9	do not know	7	.7	
.	system missing	246	24.7	

V1255   number of children living at home
        How many of your children still live at home?

        Question: V630_1

1	0	229	23.0	32.9
2	1	174	17.5	25.0
3	2	211	21.2	30.3
4	3	70	7.0	10.0
5	4	9	.9	1.3
6	5	3	.3	.4
7	6	1	.1	.1
.	system missing	297	29.9	

V1262   subjective class identification respondent
        As you may know, people are often being categorised into the working class, the
        lower middle class, the upper middle class, and the upper class. Could you tell me
        to which social class you consider yourself to belong to?

        Question: V700

1	working class	155	15.6	16.1
2	lower middle class	301	30.3	31.3
3	upper middle class	453	45.6	47.1

4	upper class	52	5.2	5.4
8	refuses answer	7	.7	
9	do not know	26	2.6	

V1358 membership church partner
Does your partner consider himself / herself a member of a Christian church or religiouscommunity?

Question: V650

1	yes	245	24.6	32.1
2	no	518	52.1	67.9
3	do not know	1	.1	
4	no answer	6	.6	
·	system missing	224	22.5	

V1359 membership which church partner
Which Christian church or religious community does your partner consider himself / herself a member of?

Question: V655

1	Christian: general	5	.5	2.0
2	Protestant: Hersteld Hervormde Kerk	2	.2	.8
3	Roman Catholic	101	10.2	41.2
4	Protestant: Protestantse Kerk in NL	19	1.9	7.8
5	Protestant: Protestantse Kerk in NL voorheen NL Hervormd	25	2.5	10.2
6	Protestant: Protestantse Kerk in NL voorheen Gereformeerd	10	1.0	4.1
7	Protestant: Protestantse Kerk in NL voorheen Evangelisch Luthers	3	.3	1.2
8	Protestant: Nederlands Hervormd: midden orthodoxe richting	1	.1	.4
9	Protestant: Nederlands Hervormd: confessionele richting	1	.1	.4
10	Protestant: Nederlands Hervormd: gereformeerde bond	2	.2	.8
11	Protestant: Nederlands Hervormd: vrijzinnige richting	1	.1	.4
12	Protestant: Nederlands Hervormd: other			
13	Protestant: Nederlands Hervormd: general	6	.6	2.4
14	Protestant: Gereformeerd: synodaal	4	.4	1.6
15	Protestant: Gereformeerd: vrijgemaakt	11	1.1	4.5
16	Protestant: Gereformeerd: buiten verband	1	.1	.4
17	Protestant: Gereformeerd: christelijk	3	.3	1.2
18	Protestant: Gereformeerd: gereformeerde gemeenten	7	.7	2.9
19	Protestant: Gereformeerd: oud gereformeerde gemeenten			
20	Protestant: Gereformeerd: other	3	.3	1.2
21	Protestant: Gereformeerd: general	2	.2	.8
22	Eastern Orthodox	2	.2	.8
23	Other Christian church	18	1.8	7.3
27	Judaism	1	.1	.4
28	Islam	15	1.5	6.1
30	other non-Christian religion	2	.2	.8
·	system missing	749	75.4	

V1362 religious upbringing

60

Were you raised religiously?

Question: V485

1	yes	555	55.8	55.8
2	no	290	29.2	29.2
3	a little	149	15.0	15.0

V1687   net income
Please indicate on this list the net, after tax, income per month of the household you belong to.

Question: V705

1	less than € 150	7	.7	.8
2	€ 150 to € 300	9	.9	1.0
3	€ 300 to € 500	15	1.5	1.7
4	€ 500 to € 1,000	56	5.6	6.3
5	€ 1,000 to € 1,500	88	8.9	9.9
6	€ 1,500 to € 2,000	106	10.7	12.0
7	€ 2,000 to € 2,500	129	13.0	14.6
8	€ 2,500 to € 3,000	147	14.8	16.6
9	€ 3,000 to € 5,000	239	24.0	27.0
10	€ 5,000 to € 7,500	55	5.5	6.2
11	€ 7,500 to € 10,000	19	1.9	2.1
12	€ 10,000 or more	16	1.6	1.8
97	do not know	64	6.4	
99	no answer	44	4.4	

V1835   social class father (EGP)

1	higher-grade professionals, administrators, and officials; large proprietors	152	15.3	16.6
2	lower-grade professionals, administrators, and officials; higher grade technicians; supervisors non-manual employees	179	18.0	19.5
3	routine non-manual employees, higher grade - administration and commerce	68	6.8	7.4
4	routine non-manual employees, lower grade – sales and services	24	2.4	2.6
5	self-employed (small proprietors, artisans, etc.) with employees	44	4.4	4.8
6	self-employed (small proprietors, artisans, etc.) with no employees	32	3.2	3.5
7	self-employed farmers and smallholders; other self-employed workers in primary production	82	8.2	9.0
8	lower-grade technicians, supervisors of manual workers	20	2.0	2.2
9	skilled manual workers	174	17.5	19.0
10	semi- and unskilled manual workers (not in agriculture)	125	12.6	13.6
11	agricultural workers	16	1.6	1.7
.	system missing	78	7.8	

V1836   social class partner (EGP)

1	higher-grade professionals, administrators, and officials; large proprietors	106	10.7	14.7
2	lower-grade professionals, administrators, and officials; higher grade technicians; supervisors	198	19.9	27.4

61

	non-manual employees			
3	routine non-manual employees, higher grade - administration and commerce	109	11.0	15.1
4	routine non-manual employees, lower grade – sales and services	89	9.0	12.3
5	self-employed (small proprietors, artisans, etc.) with employees	13	1.3	1.8
6	self-employed (small proprietors, artisans, etc.) with no employees	27	2.7	3.7
7	self-employed farmers and smallholders; other self-employed workers in primary production	9	.9	1.2
8	lower-grade technicians, supervisors of manual workers	4	.4	.6
9	skilled manual workers	61	6.1	8.4
10	semi- and unskilled manual workers (not in agriculture)	95	9.6	13.2
11	agricultural workers	11	1.1	1.5
.	system missing	272	27.4	

V1832   occupation respondent (ISCO88)

V1833   occupation father (ISCO88)

V1834   occupation partner (ISCO88)

V1900   zip code four digits

V1906   partner's year of birth
What year was your partner born in?

Question: V610_1

V1907   were you ever divorced
Were you ever divorced?

Question: V620

1	yes	54	5.4	58.7
2	no	38	3.8	41.3
.	system missing	902	90.7	

V1915   nationality respondent, parents, grandparents
Did you, your parents, and your grandparents all originally have Dutch nationality?

Question : V110

1	all Dutch	856	86.1	86.1
2	not all Dutch	138	13.9	13.9

V1933   number of memberships clubs
People can be members of all kinds of associations, groups, organisations, committees, and clubs. For example, a sports club, a discussion group, a study group, a band or choir, a voluntary organisation, et cetera. How many of this kind of associations or organizations are you a member of?

Question: DR117_1

0		365	36.7	41.4
1		210	21.1	23.8

2		175	17.6	19.8
3		74	7.4	8.4
4		25	2.5	2.8
5		17	1.7	1.9
6		8	.8	.9
7		2	.2	.2
8		2	.2	.2
10		3	.3	.3
11		1	.1	.1
99	no answer	6	.6	
.	system missing	106	10.7	

V1934 hours per week for clubs
How many hours a week do you spend on assemblies and activities of all those groups and organisations together?

Question: DR118_1

0		22	2.2	4.3
1		79	7.9	15.5
2		99	10.0	19.4
3		65	6.5	12.7
4		68	6.8	13.3
5		49	4.9	9.6
6		31	3.1	6.1
7		18	1.8	3.5
8		21	2.1	4.1
9		2	.2	.4
10		27	2.7	5.3
12		10	1.0	2.0
14		2	.2	.4
15		6	.6	1.2
18		1	.1	.2
20		3	.3	.6
21		1	.1	.2
25		1	.1	.2
30		2	.2	.4
31		1	.1	.2
32		1	.1	.2
51		1	.1	.2
62		1	.1	.2
99	no answer	12	1.2	
.	system missing	471	47.4	

V1936 highest completed education father
What was the highest school your father completed?

Question: V900

1	no completed school	216	21.7	23.2
2	lower vocational school (lbo)	238	23.9	25.6
3	lower secudary school (mulo, ulo, mavo vmbo)	110	11.1	11.8
4	KMBO, VHBO	9	.9	1.0
5	secondary vocational (mbo)	95	9.6	10.2
6	secondary vocational school (mbo plus)	26	2.6	2.8
7	O levels (mms havo)	10	1.0	1.1
8	A levels (hbs vwo)	56	5.6	6.0
9	college (hbo)	96	9.7	10.3
10	university (wo)	60	6.0	6.4

63

11	post-university education	8	.8	.9
12	phd or doctorate	4	.4	.4
13	other	3	.3	.3
97	do not know	63	6.3	

V1937 highest completed education mother
What was the highest school your mother completed?

Question: V940

1	no completed school	260	26.2	27.7
2	lower vocational school (lbo)	304	30.6	32.4
3	lower secundary school (mulo, ulo, mavo vmbo)	128	12.9	13.6
4	KMBO, VHBO	11	1.1	1.2
5	secondary vocational (mbo)	79	7.9	8.4
6	secondary vocational school (mbo plus)	22	2.2	2.3
7	O levels (mms havo)	20	2.0	2.1
8	A levels (hbs vwo)	31	3.1	3.3
9	college (hbo)	64	6.4	6.8
10	university (wo)	14	1.4	1.5
11	post-university education	2	.2	.2
13	other	4	.4	.4
97	do not know	55	5.5	

V1939 employment mother
Did your mother have a paid job when you were 12 years of age? Or: in case she died before you were 12, in the time before she passed away?

Question: V945

1	yes	313	31.5	32.1
2	no	662	66.6	67.9
8	no answer	2	.2	
9	do not know	17	1.7	

V1940 working hours per week mother
How many hours a week did she work usually?

Question: V950

4		3	.3	1.0
6		4	.4	1.3
8		7	.7	2.3
9		2	.2	.7
10		18	1.8	5.9
12		7	.7	2.3
13		1	.1	.3
14		2	.2	.7
15		16	1.6	5.3
16		13	1.3	4.3
17		1	.1	.3
18		2	.2	.7
20		75	7.5	24.8
21		2	.2	.7
24		22	2.2	7.3
25		8	.8	2.6
26		1	.1	.3
28		3	.3	1.0
30		19	1.9	6.3

32			9	.9	3.0
33			1	.1	.3
34			1	.1	.3
35			1	.1	.3
36			4	.4	1.3
38			2	.2	.7
40			56	5.6	18.5
42			1	.1	.3
48			1	.1	.3
50			6	.6	2.0
55			1	.1	.3
60			9	.9	3.0
65			1	.1	.3
70			1	.1	.3
75			1	.1	.3
80			2	.2	.7
97	do not know		9	.9	
99	no answer		1	.1	
.	system missing		681	68.5	

V1942 highest completed education partner
What was the highest school your partner completed?

Question: V660

1	no completed school	23	2.3	3.0
2	lower vocational school (lbo)	120	12.1	15.7
3	lower secundary school (mulo, ulo, mavo vmbo)	72	7.2	9.4
4	KMBO, VHBO	22	2.2	2.9
5	secondary vocational (mbo)	142	14.3	18.6
6	secondary vocational school (mbo plus)	59	5.9	7.7
7	O levels (mms havo)	29	2.9	3.8
8	A levels (hbs vwo)	26	2.6	3.4
9	college (hbo)	172	17.3	22.6
10	university (wo)	80	8.0	10.5
11	post-university education	10	1.0	1.3
12	phd or doctorate	4	.4	.5
13	other	3	.3	.4
97	do not know	8	.8	1.0
.	system missing	224	22.5	

V1945 age respondent finally left church
You indicated that nowadays, you do not consider yourself a member of a Christian church anymore, whereas you were a church member in earlier days. How old were you at the time you finally did not consider yourself a church member anymore?

Question: V430_1

6			1	.1	.4
7			1	.1	.4
8			2	.2	.8
9			1	.1	.4
10			3	.3	1.2
11			1	.1	.4
12			16	1.6	6.5
13			6	.6	2.4
14			10	1.0	4.0
15			11	1.1	4.5

16		17	1.7	6.9
17		15	1.5	6.1
18		24	2.4	9.7
19		9	.9	3.6
20		31	3.1	12.6
21		6	.6	2.4
22		8	.8	3.2
23		4	.4	1.6
25		19	1.9	7.7
26		3	.3	1.2
27		2	.2	.8
28		3	.3	1.2
29		4	.4	1.6
30		16	1.6	6.5
33		1	.1	.4
35		6	.6	2.4
38		3	.3	1.2
40		4	.4	1.6
41		1	.1	.4
42		2	.2	.8
43		1	.1	.4
44		1	.1	.4
45		4	.4	1.6
47		1	.1	.4
50		4	.4	1.6
51		1	.1	.4
55		1	.1	.4
57		2	.2	.8
60		1	.1	.4
63		1	.1	.4
.	system missing	747	75.2	

V1948 church attendance age between 12 and 15
When you were between 12 and 15 years of age, did you ever attend services of a church or religious community?

Question: V445

1	yes, about once a week	411	41.3	41.3
2	yes, about once a month	91	9.2	9.2
3	yes, once or twice a year	133	13.4	13.4
4	no, hardly ever / never	359	36.1	36.1

V1949 age stopped frequent church attendance
You indicated that nowadays, you attend church just once or twice a year or hardly ever / never, whereas you attended church more frequently in earlier days. How old were you at the time you stopped attending church more frequently?

Question: V450_1

5	1	.1	.3
11	1	.1	.3
12	5	.5	1.5
13	7	.7	2.0
14	17	1.7	5.0
15	36	3.6	10.5
16	40	4.0	11.7
17	24	2.4	7.0
18	45	4.5	13.2
19	10	1.0	2.9

66

20		44	4.4	12.9
21		5	.5	1.5
22		13	1.3	3.8
23		6	.6	1.8
24		3	.3	.9
25		23	2.3	6.7
26		2	.2	.6
27		2	.2	.6
28		3	.3	.9
29		2	.2	.6
30		17	1.7	5.0
35		4	.4	1.2
36		1	.1	.3
37		1	.1	.3
38		4	.4	1.2
40		6	.6	1.8
42		2	.2	.6
43		1	.1	.3
44		1	.1	.3
45		3	.3	.9
46		1	.1	.3
48		4	.4	1.2
50		2	.2	.6
51		1	.1	.3
54		1	.1	.3
55		1	.1	.3
57		2	.2	.6
60		1	.1	.3
.	system missing	652	65.6	

V1952 membership church father (age 12-15)
Did your father consider himself a member of a Christian church or religious community when you yourself were between 12 and 15 years of age?

Question: V460

1	yes	565	56.8	59.3
2	no	386	38.8	40.5
3	no answer	1	.1	.1
8	do not know	20	2.0	
9	not applicable	22	2.2	

V1953 membership which church father
Which Christian church or religious community does / did your father consider himself a member of?

Question: V465

1	Christian: general	8	.8	1.4
2	Protestant: Hersteld Hervormde Kerk	7	.7	1.3
3	Roman Catholic	292	29.4	52.1
4	Protestant: Protestantse Kerk in NL	16	1.6	2.9
5	Protestant: Protestantse Kerk in NL voorheen NL Hervormd	27	2.7	4.8
6	Protestant: Protestantse Kerk in NL voorheen Gereformeerd	19	1.9	3.4
7	Protestant: Protestantse Kerk in NL voorheen Evangelisch Luthers	4	.4	.7
8	Protestant: Nederlands Hervormd: midden orthodoxe richting	5	.5	.9

9	Protestant: Nederlands Hervormd: confessionele richting	2	.2	.4
10	Protestant: Nederlands Hervormd: gereformeerde bond	7	.7	1.3
11	Protestant: Nederlands Hervormd: vrijzinnige richting	8	.8	1.4
12	Protestant: Nederlands Hervormd: other	2	.2	.4
13	Protestant: Nederlands Hervormd: general	39	3.9	7.0
14	Protestant: Gereformeerd: synodaal	23	2.3	4.1
15	Protestant: Gereformeerd: vrijgemaakt	13	1.3	2.3
16	Protestant: Gereformeerd: buiten verband	1	.1	.2
17	Protestant: Gereformeerd: christelijk	10	1.0	1.8
18	Protestant: Gereformeerd: gereformeerde gemeenten	16	1.6	2.9
19	Protestant: Gereformeerd: oud gereformeerde gemeenten	2	.2	.4
20	Protestant: Gereformeerd: other	2	.2	.4
21	Protestant: Gereformeerd: general	9	.9	1.6
22	Eastern Orthodox	1	.1	.2
23	Other Christian church	17	1.7	3.0
24	Hinduism	3	.3	.5
25	Boeddhism	1	.1	.2
27	Judaism	1	.1	.2
28	Islam	23	2.3	4.1
30	other non-Christian religion	2	.2	.4
88	do not know	5	.5	
.	system missing	429	43.2	

V1956 membership church mother (age 12-15)
Did your mother consider herself a member of a Christian church or religious
community when you yourself were between 12 and 15 years of age?

Question: V472

1	yes	631	63.5	64.7
2	no	343	34.5	35.2
3	no answer	1	.1	.1
4	do not know	11	1.1	
9	not applicable	8	.8	

V1957 membership which church mother
Which Christian church or religious community does / did your mother consider
herself a member of?

Question: V476

1	Christian: general	16	1.6	2.5
2	Protestant: Hersteld Hervormde Kerk	6	.6	1.0
3	Roman Catholic	323	32.5	51.3
4	Protestant: Protestantse Kerk in NL	13	1.3	2.1
5	Protestant: Protestantse Kerk in NL voorheen NL Hervormd	32	3.2	5.1
6	Protestant: Protestantse Kerk in NL voorheen Gereformeerd	18	1.8	2.9
7	Protestant: Protestantse Kerk in NL voorheen Evangelisch Luthers	6	.6	1.0
8	Protestant: Nederlands Hervormd: midden orthodoxe richting	6	.6	1.0
9	Protestant: Nederlands Hervormd: confessionele richting	3	.3	.5

10	Protestant: Nederlands Hervormd: gereformeerde bond	12	1.2	1.9
11	Protestant: Nederlands Hervormd: vrijzinnige richting	14	1.4	2.2
12	Protestant: Nederlands Hervormd: other	1	.1	.2
13	Protestant: Nederlands Hervormd: general	52	5.2	8.3
14	Protestant: Gereformeerd: synodaal	24	2.4	3.8
15	Protestant: Gereformeerd: vrijgemaakt	13	1.3	2.1
16	Protestant: Gereformeerd: buiten verband	2	.2	.3
17	Protestant: Gereformeerd: christelijk	11	1.1	1.7
18	Protestant: Gereformeerd: gereformeerde gemeenten	17	1.7	2.7
19	Protestant: Gereformeerd: oud gereformeerde gemeenten	1	.1	.2
20	Protestant: Gereformeerd: other	1	.1	.2
21	Protestant: Gereformeerd: general	7	.7	1.1
22	Eastern Orthodox	3	.3	.5
23	Other Christian church	21	2.1	3.3
24	Hinduism	3	.3	.5
25	Boeddhism	1	.1	.2
27	Judaism	1	.1	.2
28	Islam	22	2.2	3.5
30	other non-Christian religion	1	.1	.2
88	do not know	1	.1	
.	system missing	363	36.5	

V2139 Muslims use religion for political aims
Muslims misuse their religion for political aims.

Question: V1002_9

1	agree entirely	89	9.0	10.8
2	agree	308	31.0	37.5
3	do not agree, do not disagree	228	22.9	27.8
4	do not agree	175	17.6	21.3
5	do not agree at all	21	2.1	2.6
6	never thought about	35	3.5	
.	system missing	138	13.9	

V2139_1 Muslims use religion for political aims
Muslims misuse their religion for political aims.

Question: DR122_4

1	agree entirely	84	8.5	10.0
2	agree	296	29.8	35.3
3	do not agree, do not disagree	262	26.4	31.2
4	do not agree	164	16.5	19.5
5	do not agree at all	33	3.3	3.9
6	never thought about	43	4.3	
9	no answer	6	.6	
.	system missing	106	10.7	

V2140 Muslims easily resort to violence
Muslims easily resort to violence to solve their problems.

Question: V1002_8

1	agree entirely	69	6.9	8.3
2	agree	230	23.1	27.7

3	do not agree, do not disagree	264	26.6	31.8
4	do not agree	228	22.9	27.5
5	do not agree at all	38	3.8	4.6
6	never thought about	27	2.7	
.	system missing	138	13.9	

V2152 minorities are threat to our own culture
The coming of ethnic minorities to the Netherlands is a threat to our own culture.

Question: V1009_5

1	agree entirely	67	6.7	7.9
2	agree	257	25.9	30.3
3	do not agree, do not disagree	211	21.2	24.9
4	do not agree	251	25.3	29.6
5	do not agree at all	63	6.3	7.4
6	never thought about	7	.7	
.	system missing	138	13.9	

V2316 urbanisation category municipality

1	very strong urbanisation	154	15.5	15.5
2	strong urbanisation	232	23.3	23.3
3	moderate urbanisation	188	18.9	18.9
4	little urbanisation	223	22.4	22.4
5	no urbanisation	197	19.8	19.8

V2489 municipality identification number (CBS)

V3000 has relationship but not living together
Do you have a relationship with someone at this moment, with whom you are not living together?

Question: V605

1	yes	58	5.8	20.6
2	no	224	22.5	79.4
.	system missing	712	71.6	

V3001 partner sex
Is your partner a male of a female?/What is your partner's sex?

Question: V606

1	male	430	43.3	55.8
2	female	340	34.2	44.2
.	system missing	224	22.5	

V3010 ethnic group respondent
To what ethnic group do you consider yourself to belong to?

Question: V120

1	Dutch	902	90.7	90.7
2	Turkish	6	.6	.6
3	Moroccan	13	1.3	1.3
4	Surinamese	11	1.1	1.1
5	Antillian	5	.5	.5
6	other	57	5.7	5.7

V3018   voluntary work for organisation
Do you ever do unpaid voluntary work for some organization?

Question: DR1191

1	yes	368	37.0	41.6
2	no	516	51.9	58.4
9	no answer	4	.4	
.	system missing	106	10.7	

V3018_1   time spent on voluntary work
If so, how many hours a month on average do you spend on all of this unpaid voluntary work together?

Question: DR1192_1

0	4	.4	1.1
1	36	3.6	9.9
2	59	5.9	16.3
3	17	1.7	4.7
4	38	3.8	10.5
5	28	2.8	7.7
6	17	1.7	4.7
8	28	2.8	7.7
10	40	4.0	11.0
12	9	.9	2.5
13	1	.1	.3
14	1	.1	.3
15	10	1.0	2.8
16	6	.6	1.7
18	2	.2	.6
20	15	1.5	4.1
22	2	.2	.6
24	2	.2	.6
25	8	.8	2.2
26	1	.1	.3
28	2	.2	.6
30	5	.5	1.4
32	2	.2	.6
40	7	.7	1.9
45	1	.1	.3
46	1	.1	.3
48	2	.2	.6
50	3	.3	.8
60	3	.3	.8
80	2	.2	.6
90	1	.1	.3
100	4	.4	1.1
120	2	.2	.6
126	1	.1	.3
200	1	.1	.3
266	1	.1	.3
999 no answer	10	1.0	
. system missing	622	62.6	

V3050   do you ever pray
Do you ever pray?

Question: V488

1	yes, often	147	14.8	14.8
2	yes, regularly	133	13.4	13.4
3	sometimes	192	19.3	19.3
4	never	522	52.5	52.5

V3082   do you give money to charity
Do you ever give money to charity?

Question: DR1211

1	yes	775	78.0	87.8
2	no	108	10.9	12.2
9	no answer	5	.5	
.	system missing	107	10.8	

V3082_1   how much money given to charity
If so, can you indicate how much money on average you spend a year?

Question: DR1212_1

V3089   worries: decline of neighbourhood due to ethnic minorities
I sometimes worry that my neighbourhood will decline due to the arrival of ethnic minorities.

Question: V1009_1

1	agree entirely	39	3.9	4.8
2	agree	146	14.7	17.8
3	do not agree, do not disagree	198	19.9	24.1
4	do not agree	336	33.8	34.0
5	do not agree at all	101	10.2	12.3
8	not applicable	36	3.6	
.	system missing	138	13.9	

V3090   worries: decline of financial prospects due to ethnic minorities
I sometimes am afraid that my financial prospects will decline due to the presence of ethnic minorities.

Question: V1009_7

1	agree entirely	20	2.0	2.4
2	agree	118	11.9	14.2
3	do not agree, do not disagree	160	16.1	19.3
4	do not agree	387	38.9	46.6
5	do not agree at all	145	14.6	17.5
8	not applicable	26	2.6	
.	system missing	138	13.9	

V3092   worries: decline of neighbourhood
I sometimes am worried that my neighbourhood will decline.

Question: V725_9

1	agree entirely	40	4.0	4.1
2	agree	193	19.4	19.8
3	do not agree, do not disagree	170	17.1	17.4
4	do not agree	387	38.9	39.7
5	do not agree at all	186	18.7	19.1
8	not applicable	18	1.8	

V3093   worries: decline of financial prospects
         I sometimes am afraid that my financial prospects will decline the next years.

         Question: V725_10

1	agree entirely	120	12.1	12.2
2	agree	404	40.6	41.2
3	do not agree, do not disagree	165	16.6	16.8
4	do not agree	212	21.3	21.6
5	do not agree at all	80	8.0	8.2
8	not applicable	13	1.3	

V3104   object to: more than half of pupils are ethnic minorities
         How would you feel if more than half of the pupils form part of an ethnic minority group?

         Question: V820_1

1	much objection to	166	16.7	16.7
2	objection to	462	46.5	46.5
3	no objection to	309	31.1	31.1
4	no objection to at all	57	5.7	5.7

V3105   object to: half of pupils are ethnic minorities
         How would you feel if about half of the pupils form part of an ethnic minority group?

         Question: V820_2

1	much objection to	132	13.3	13.3
2	objection to	431	43.4	43.4
3	no objection to	374	37.6	37.6
4	no objection to at all	57	5.7	5.7

V3106   object to: about a quarter of pupils are ethnic minorities
         How would you feel if about a quarter of the pupils form part of an ethnic minority group?

         Question: V820_3

1	much objection to	34	3.4	3.4
2	objection to	171	17.2	17.2
3	no objection to	666	67.0	67.0
4	no objection to at all	123	12.4	12.4

V3107   object to: about a tenth of pupils are ethnic minorities
         How would you feel if about a tenth of the pupils form part of an ethnic minority group?

         Question: V820_4

1	much objection to	21	2.1	2.1
2	objection to	77	7.7	7.7
3	no objection to	619	62.3	62.3
4	no objection to at all	277	27.9	27.9

V3112   most people are honest and trustworthy
         I think most people are honest and trustworthy.

         Question: V340_3

1	agree entirely		44	4.4	4.4
2	agree		544	54.7	54.8
3	do not agree, do not disagree		235	23.6	23.7
4	do not agree		149	15.0	15.0
5	do not agree at all		20	2.0	2.0
6	never thought about		2	.2	

V3113   nice people make me suspicious
If somebody acts nice to me, I become suspicious.

Question: V340_8

1	agree entirely		11	1.1	1.1
2	agree		53	5.3	5.4
3	do not agree, do not disagree		136	13.7	13.9
4	do not agree		574	57.7	58.6
5	do not agree at all		206	20.7	21.0
6	never thought about		14	1.4	

V3114   most people take advantage of you
I think that most people will take advantage of you when they get the opportunity
to do so.

Question: V340_10

1	agree entirely		51	5.1	5.2
2	agree		193	19.4	19.6
3	do not agree, do not disagree		219	22.0	22.2
4	do not agree		449	45.2	45.6
5	do not agree at all		73	7.3	7.4
6	never thought about		9	.9	

V3126   how many friends are ethnic minorities
How many percent of your friends belong to an ethnic minority group?

Question: V835_1

0	474	47.7	47.7
1	61	6.1	6.1
2	49	4.9	4.9
3	13	1.3	1.3
4	8	.8	.8
5	107	10.8	10.8
7	1	.1	.1
10	114	11.5	11.5
12	1	.1	.1
15	17	1.7	1.7
20	33	3.3	3.3
25	21	2.1	2.1
30	25	2.5	2.5
40	8	.8	.8
50	23	2.3	2.3
60	6	.6	.6
65	2	.2	.2
70	5	.5	.5
75	5	.5	.5
80	8	.8	.8
90	6	.6	.6
95	2	.2	.2

99		1	.1	.1
100		4	.4	.4

V3127   how many colleagues are ethnic minorities
How many percent of your colleagues belong to an ethnic minority group?

Question: V840_1

0	473	47.6	47.6
1	42	4.2	4.2
2	34	3.4	3.4
3	15	1.5	1.5
4	14	1.4	1.4
5	95	9.6	9.6
6	1	.1	.1
7	4	.4	.4
8	6	.6	.6
10	108	10.9	10.9
12	1	.1	.1
15	31	3.1	3.1
16	2	.2	.2
20	39	3.9	3.9
22	1	.1	.1
25	26	2.6	2.6
30	33	3.3	3.3
33	4	.4	.4
35	4	.4	.4
40	14	1.4	1.4
50	23	2.3	2.3
60	3	.3	.3
70	4	.4	.4
75	4	.4	.4
80	6	.6	.6
90	5	.5	.5
100	2	.2	.2

V3214   be able to afford less coming years
I think I will be able to afford less coming years.

Question: V725_3

1	agree entirely	98	9.9	10.0
2	agree	383	38.5	39.2
3	do not agree, do not disagree	193	19.4	19.8
4	do not agree	231	23.2	23.6
5	do not agree at all	72	7.2	7.4
8	not applicable	17	1.7	

V3215   awake because of financial situation
I sometimes lie awake because of my financial situation.

Question: V725_4

1	agree entirely	51	5.1	5.3
2	agree	149	15.0	15.6
3	do not agree, do not disagree	159	16.0	16.7
4	do not agree	329	33.1	34.5
5	do not agree at all	266	26.8	27.9
8	not applicable	40	4.0	

V3216   adjusting present lifestyle coming years
I think I will have to adjust my present lifestyle in coming years.

Question: V725_8

1	agree entirely	70	7.0	7.2
2	agree	381	38.3	39.0
3	do not agree, do not disagree	184	18.5	18.9
4	do not agree	265	26.7	27.2
5	do not agree at all	76	7.6	7.8
8	not applicable	18	1.8	

V3217   fear to lose present job
I sometimes fear that I will lose my present job.

Question: V725_5

1	agree entirely	44	4.4	6.2
2	agree	131	13.2	18.4
3	do not agree, do not disagree	125	12.6	17.6
4	do not agree	246	24.7	34.6
5	do not agree at all	165	16.6	23.2
8	not applicable	283	28.5	

V3218   worries: unable to find a job
I fear that I will not be able to find a job.

Question: V725_11

1	agree entirely	72	7.2	10.7
2	agree	104	10.5	15.5
3	do not agree, do not disagree	106	10.7	15.8
4	do not agree	229	23.0	34.2
5	do not agree at all	159	16.0	23.7
8	not applicable	324	32.6	

V3219   very unsatisfied with present income
I am very unsatisfied with my present income.

Question: V725_7

1	agree entirely	66	6.6	6.8
2	agree	162	16.3	16.7
3	do not agree, do not disagree	203	20.4	20.9
4	do not agree	351	35.3	36.1
5	do not agree at all	189	19.0	19.5
8	not applicable	23	2.3	

V3220   very unsatisfied with present social standing
I am very unsatisfied with my present social standing.

Question: V725_6

1	agree entirely	33	3.3	3.4
2	agree	107	10.8	11.1
3	do not agree, do not disagree	130	13.1	13.5
4	do not agree	395	39.7	41.1
5	do not agree at all	296	29.8	30.8
8	not applicable	33	3.3	

V3221   work under-valuated by society
My work is being undervaluated by society.

Question: V725_2

1	agree entirely	45	4.5	5.4
2	agree	145	14.6	17.4
3	do not agree, do not disagree	163	16.4	19.6
4	do not agree	317	31.9	38.1
5	do not agree at all	161	16.2	19.4
8	not applicable	163	16.4	

V3222   difficulties to buy necessary things from salary
I am having difficulties buying necessary things from my salary.

Question: V725_1

1	agree entirely	37	3.7	3.8
2	agree	122	12.3	12.6
3	do not agree, do not disagree	121	12.2	12.5
4	do not agree	404	40.6	41.9
5	do not agree at all	281	28.3	29.1
8	not applicable	29	2.9	

V3245   one of parents deceased
Can you indicate whether you experienced one of the following events in the last 5 years? One of your parents deceased.

Question: DR124_1

1	yes	667	67.1	76.1
2	no	209	21.0	23.9
9	no answer	12	1.2	
.	system missing	106	10.7	

V3246   dear one deceased
A dear one (partner, child or a good friend) deceased.

Question: DR124_2

1	yes	424	42.7	48.0
2	no	460	46.3	52.0
9	no answer	4	.4	
.	system missing	106	10.7	

V3247   victim of criminal actions
You became a victim of (serious) criminal actions.

Question: DR124_3

1	yes	823	82.8	93.4
2	no	58	5.8	6.6
9	no answer	7	.7	
.	system missing	106	10.7	

V3248   dear one became seriously ill
A dear one became seriously ill.

Question: DR124_4

1	yes	346	34.8	39.2
2	no	537	54.0	60.8
9	no answer	5	.5	
.	system missing	106	10.7	

V3252 respondent length
What is your length without wearing your shoes?

Question: V1005_1

V3253 respondent weight
What is your weight without wearing clothes?

Question: V1006_1

V3258 felt so down nothing could cheer up
How often during the past 4 weeks did you feel so down nothing could cheer you up?

Question: V1060_3

1	continuously	5	.5	.5
2	mostly	9	.9	.9
3	often	21	2.1	2.1
4	sometimes	158	15.9	15.9
5	rarely	314	31.6	31.6
6	never	487	49.0	49.0

V3259 felt downhearted and blue
How often during the past 4 weeks did you feel downhearted and blue?

Question: V1060_5

1	continuously	7	.7	.7
2	mostly	12	1.2	1.2
3	often	43	4.3	4.3
4	sometimes	291	29.3	29.3
5	rarely	393	39.5	39.5
6	never	248	24.9	24.9

V3260 been a very nervous person
How often during the past 4 weeks did you feel very nervous?

Question: V1060_1

1	continuously	6	.6	.6
2	mostly	14	1.4	1.4
3	often	69	6.9	6.9
4	sometimes	330	33.2	33.2
5	rarely	382	38.4	38.4
6	never	193	19.4	19.4

V3261 felt calm and peaceful
How often during the past 4 weeks did you feel calm and peaceful?

Question: V1060_4

1	continuously	75	7.5	7.5
2	mostly	469	47.2	47.2
3	often	255	25.7	25.7

4	sometimes	152	15.3	15.3
5	rarely	35	3.5	3.5
6	never	8	.8	.8

V3262   been a happy person
How often during the past 4 weeks did you feel happy?

Question: V1060_2

1	continuously	108	10.9	10.9
2	mostly	462	46.5	46.5
3	often	258	26.0	26.0
4	sometimes	138	13.9	13.9
5	rarely	20	2.0	2.0
6	never	8	.8	.8

V3276   still live with parents
Do you still live with your parents?

Question: V237

1	yes	52	5.2	5.2
2	no	942	94.8	94.8

V5001   do children attend elementary school or high school
Do you have children who attend elementary school or high school?

Question: V635

1	yes, preliminary school	163	16.4	23.4
2	yes, secondary school	116	11.7	16.6
3	yes, both types of schools	57	5.7	8.2
4	no	361	36.3	51.8
.	system missing	297	29.9	

V5020   how much time spent: helping family
How often do you help people from your own family?

Question: DR20_1

1	daily	92	9.3	10.7
2	more than once a week	196	19.7	22.9
3	once a week	124	12.5	14.5
4	more than once a month	186	18.7	21.7
5	once a month	117	11.8	13.7
6	less often	124	12.5	14.5
7	never	17	1.7	2.0
8	not applicable	26	2.6	
9	no answer	6	.6	
.	system missing	106	10.7	

V5021   how much time spent: helping friends
How often do you help friends?

Question: DR120_2

1	daily	26	2.6	3.1
2	more than once a week	126	12.7	14.9
3	once a week	111	11.2	13.1
4	more than once a month	223	22.4	26.4

5	once a month	147	14.8	17.4
6	less often	189	19.0	22.4
7	never	23	2.3	2.7
8	not applicable	30	3.0	
9	no answer	13	1.3	
.	system missing	106	10.7	

V5022 how much time spent: helping colleagues
How often do you help colleagues?

Question: DR120_3

1	daily	46	4.6	6.5
2	more than once a week	99	10.0	13.9
3	once a week	85	8.6	12.0
4	more than once a month	140	14.1	19.7
5	once a month	84	8.5	11.8
6	less often	182	18.3	25.6
7	never	75	7.5	10.5
8	not applicable	157	15.8	
9	no answer	19	1.9	
.	system missing	107	10.8	

V5023 how much time spent: helping people from neighbourhood
How often do you help people from your neighbourhood?

Question: DR120_4

1	daily	10	1.0	1.2
2	more than once a week	53	5.3	6.3
3	once a week	71	7.1	8.4
4	more than once a month	151	15.2	18.0
5	once a month	138	13.9	16.4
6	less often	332	33.4	39.5
7	never	86	8.7	10.2
8	not applicable	37	3.7	
9	no answer	9	.9	
.	system missing	107	10.8	

V5024 how much time spent: helping other people
How often do you help other people than family, friends, colleagues or people from your neighbourhood?

Question: DR120_5

1	daily	16	1.6	2.0
2	more than once a week	36	3.6	4.5
3	once a week	41	4.1	5.2
4	more than once a month	105	10.6	13.3
5	once a month	95	9.6	12.0
6	less often	375	37.7	47.3
7	never	124	12.5	15.7
8	not applicable	85	8.6	
9	no answer	10	1.0	
.	system missing	107	10.8	

V5026 rent or own house
Do you live in a rental house or in your own house?

Question: V242

1	rent house	296	29.8	29.8
2	own house	698	70.2	70.2

V5027 how satisfied with neighbourhood
How satisfied are you with the neighbourhood in which you live?

Question: V245

1	very satisfied	565	56.8	56.8
2	satisfied	348	35.0	35.0
3	not satisfied, not dissatisfied	50	5.0	5.0
4	dissatisfied	24	2.4	2.4
5	very dissatisfied	7	.7	.7

V5102 percentage ethnic minorities in Dutch population
Which percentage of people living in the Netherlands belong to an ethnic minority group?

Question: V845_1

0	6	.6	.6
1	1	.1	.1
2	1	.1	.1
3	3	.3	.3
4	4	.4	.4
5	33	3.3	3.3
6	4	.4	.4
7	5	.5	.5
8	18	1.8	1.8
9	4	.4	.4
10	83	8.4	8.4
11	3	.3	.3
12	12	1.2	1.2
13	4	.4	.4
14	2	.2	.2
15	92	9.3	9.3
16	3	.3	.3
17	8	.8	.8
18	7	.7	.7
19	1	.1	.1
20	146	14.7	14.7
22	2	.2	.2
23	1	.1	.1
25	93	9.4	9.4
27	1	.1	.1
30	155	15.6	15.6
31	1	.1	.1
32	1	.1	.1
33	8	.8	.8
35	66	6.6	6.6
38	3	.3	.3
40	114	11.5	11.5
43	2	.2	.2
45	18	1.8	1.8
47	1	.1	.1
48	1	.1	.1
49	1	.1	.1
50	41	4.1	4.1
55	11	1.1	1.1

60		9	.9	.9
65		4	.4	.4
70		10	1.0	1.0
75		2	.2	.2
80		7	.7	.7
90		2	.2	.2

V5103   percentage ethnic minorities in neighbourhood
Which percentage of people living in your neighbourhood belong to an ethnic minority group?

Question: V850_1

0	165	16.6	16.6
1	105	10.6	10.6
2	88	8.9	8.9
3	35	3.5	3.5
4	14	1.4	1.4
5	158	15.9	15.9
6	7	.7	.7
7	4	.4	.4
8	4	.4	.4
9	1	.1	.1
10	116	11.7	11.7
12	2	.2	.2
15	31	3.1	3.1
20	50	5.0	5.0
23	1	.1	.1
24	1	.1	.1
25	38	3.8	3.8
30	35	3.5	3.5
35	10	1.0	1.0
40	24	2.4	2.4
45	6	.6	.6
48	1	.1	.1
50	47	4.7	4.7
51	1	.1	.1
53	1	.1	.1
55	1	.1	.1
60	10	1.0	1.0
65	6	.6	.6
70	10	1.0	1.0
75	3	.3	.3
80	9	.9	.9
90	7	.7	.7
95	2	.2	.2
100	1	.1	.1

V5104   Muslim husbands dominate their wives
Muslim husbands dominate their wives. Do you…

Question: V1002_3

1	agree entirely	152	15.3	18.2
2	agree	458	46.1	54.9
3	do not agree, do not disagree	158	15.9	18.9
4	do not agree	49	4.9	5.9
5	do not agree at all	39	3.9	2.0
6	never thought about	152	15.3	
.	system missing	138	13.9	

V5104_1 Muslim husbands dominate their wives
Muslim husbands dominate their wives. Do you...

Question: DR122_2

1	agree entirely	104	10.5	12.1
2	agree	478	48.1	55.8
3	do not agree, do not disagree	195	19.6	22.8
4	do not agree	63	6.3	7.4
5	do not agree at all	17	1.7	2.0
6	never thought about	26	2.6	
9	no answer	5	.5	
.	system missing	106	10.7	

V5105 Muslims raise their children in authoritarian way
Muslims raise their children in an authoritarian way. Do you...

Question: V1002_1

1	agree entirely	56	5.6	7.0
2	agree	327	32.9	41.1
3	do not agree, do not disagree	268	27.0	33.7
4	do not agree	127	12.8	16.0
5	do not agree at all	17	1.7	2.1
6	never thought about	61	6.1	
.	system missing	138	13.9	

V5106 Muslims lock themselves out of Dutch society
Muslims lock themselves out of Dutch society. Do you...

Question: V1002_5

1	agree entirely	65	6.5	7.7
2	agree	264	26.6	31.4
3	do not agree, do not disagree	307	30.9	36.5
4	do not agree	184	18.5	21.9
5	do not agree at all	36	3.6	2.4
6	never thought about	65	6.5	
.	system missing	138	13.9	

V5106_1 Muslims lock themselves out of Dutch society
Muslims lock themselves out of Dutch society. Do you...

Question: DR122_3

1	agree entirely	54	5.4	6.3
2	agree	292	29.4	34.0
3	do not agree, do not disagree	323	32.5	37.6
4	do not agree	175	17.6	20.4
5	do not agree at all	15	1.5	1.7
6	never thought about	23	2.3	
9	no answer	6	.6	
.	system missing	106	10.7	

V5108 most Muslims have no respect for homosexuals
Most Muslims have no respect for homosexuals. Do you...

Question: V1002_11

1	agree entirely		160	16.1	20.1
2	agree		391	39.3	49.1
3	do not agree, do not disagree		174	17.5	21.9
4	do not agree		60	6.0	7.5
5	do not agree at all		11	1.1	1.4
6	never thought about		60	6.0	
.	system missing		138	13.9	

V5111 in what neighbourhood would you prefer to live
Imagine that you can choose where you are going to live. In which neighbourhood would you prefer to live?

Question: V265

1	no ethnic minorities		108	10.9	11.0
2	hardly any ethnic minorities		375	37.7	38.2
3	about 25% ethnic minorities		266	26.8	27.1
4	about 50% ethnic minorities		64	6.4	6.5
5	over 50% ethnic minorities		6	.6	.6
6	almost all ethnic minorities		2	.2	.2
8	does not matter		160	16.1	16.3
9	do not know		13	1.3	

V5137 proud to be European
I am proud to be European.

Question: DR101_1

1	completely agree		129	13.0	15.4
2	agree		392	39.4	46.7
3	neutral		233	23.4	27.8
4	do not agree		69	6.9	8.2
5	completely disagree		16	1.6	1.9
6	never thought about		46	4.6	
9	no answer		3	.3	
.	system missing		106	10.7	

V5139 trade Dutch citizenship for EU citizenship
I would like to exchange my Dutch citizenship for a European citizenship.

Question: DR101_2

1	completely agree		13	1.3	1.6
2	agree		60	6.0	7.3
3	neutral		169	17.0	20.6
4	do not agree		379	38.1	46.2
5	completely disagree		200	20.1	24.4
6	never thought about		64	6.4	
9	no answer		3	.3	
.	system missing		106	10.7	

V5140 Europe should become one nation without internal borders
I believe Europe should become one country, without borders

Question: DR101_3

1	completely agree		26	2.6	3.0
2	agree		103	10.4	11.8
3	neutral		145	14.6	16.6
4	do not agree		385	38.7	44.2

5	completely disagree	213	21.4	24.4
6	never thought about	12	1.2	
9	no answer	4	.4	
.	system missing	106	10.7	

V5141 Netherlands should cancel EU membership
The Netherlands should resign its membership from the European Union.

Question: DR101_4

1	completely agree	22	2.2	2.6
2	agree	80	8.0	9.5
3	neutral	171	17.2	20.4
4	do not agree	374	37.6	44.5
5	completely disagree	193	19.4	23.0
6	never thought about	43	4.3	
9	no answer	5	.5	
.	system missing	106	10.7	

V5142 EU should have more attention for social affairs
The European Union should pay more attention to social problems.

Question: DR101_5

1	completely agree	89	9.0	10.6
2	agree	459	46.2	54.4
3	neutral	203	20.4	24.1
4	do not agree	75	7.5	8.9
5	completely disagree	17	1.7	2.0
6	never thought about	40	4.0	
9	no answer	5	.5	
.	system missing	106	10.7	

V5143 Netherlands have much to gain from EU membership
The Netherlands benefits strongly from its membership from the European Union.

Question: DR101_6

1	completely agree	46	4.6	5.5
2	agree	288	29.0	34.7
3	neutral	327	32.9	39.4
4	do not agree	125	12.6	15.1
5	completely disagree	44	4.4	5.3
6	never thought about	53	5.3	
9	no answer	5	.5	
.	system missing	106	10.7	

V5144 EU posts a threat against the Dutch culture
The European Union is a threat to Dutch culture.

Question: DR101_7

1	completely agree	29	2.9	3.5
2	agree	95	9.6	11.4
3	neutral	284	28.6	34.0
4	do not agree	344	34.6	41.1
5	completely disagree	84	8.5	10.0
6	never thought about	49	4.9	
9	no answer	3	.3	
.	system missing	106	10.7	

V5145   EU waists a lot of money
The European Union waists too much money.

     Question: DR101_8

1	completely agree	152	15.3	17.9
2	agree	389	39.1	45.9
3	neutral	238	23.9	28.1
4	do not agree	58	5.8	6.8
5	completely disagree	11	1.1	1.3
6	never thought about	35	3.5	
9	no answer	5	.5	
.	system missing	106	10.7	

V5146   Turkey can become a member of the EU
Turkey is allowed to join the European Union.

     Question: DR101_9

1	completely agree	26	2.6	3.2
2	agree	185	18.6	22.5
3	neutral	236	23.7	28.7
4	do not agree	259	26.1	31.5
5	completely disagree	117	11.8	14.2
6	never thought about	60	6.0	
9	no answer	5	.5	
.	system missing	106	10.7	

V5147   decision level: fight against organised crime
Fighting against organised crime.

     Question: DR102_1

1	level: international	400	40.2	46.2
2	level: EU	288	29.0	33.3
3	level: national	145	14.6	16.7
4	level: province	21	2.1	2.4
5	level: local	12	1.2	1.4
9	no answer	22	2.2	
.	system missing	106	10.7	

V5148   decision level: immigration and refugees
Immigration and refugees.

     Question: DR102_2

1	level: international	195	19.6	22.6
2	level: EU	356	35.8	41.3
3	level: national	281	28.3	32.6
4	level: province	19	1.9	2.2
5	level: local	12	1.2	1.4
9	no answer	25	2.5	
.	system missing	106	10.7	

V5149   decision level: societal well-being
Societal well-being.

     Question: DR102_3

1	level: international		64	6.4	7.4
2	level: EU		128	12.9	14.8
3	level: national		523	52.6	60.5
4	level: province		52	5.2	6.0
5	level: local		97	9.8	11.2
9	no information		24	2.4	
.	system missing		106	10.7	

V5150 grade: trust in EU parliament
Please tell me on a scale from 0-10 how much you trust the European Parliament.

Question: DR103_1

0	no trust at all	23	2.3	2.6
1		21	2.1	2.4
2		42	4.2	4.7
3		68	6.8	7.7
4		100	10.1	11.3
5		224	22.5	25.3
6		244	24.5	27.5
7		132	13.3	14.9
8		25	2.5	2.8
9		5	.5	.6
10	complete trust	2	.2	.2
99	no answer	2	.2	
.	system missing	106	10.7	

V5151 grade: trust in Dutch parliament
Please tell me on a score from 0-10 how much you trust the Dutch parliament.

Question: DR104_1

0	no trust at all	8	.8	.9
1		14	1.4	1.6
2		34	3.4	3.8
3		58	5.8	6.5
4		93	9.4	10.5
5		176	17.7	19.8
6		208	20.9	23.4
7		206	20.7	23.2
8		76	7.6	8.6
9		12	1.2	1.4
10	complete trust	2	.2	.2
99	no answer	1	.1	
.	system missing	106	10.7	

V5152 number of times: raised the flag on the 5th of May
In the last five years, how often did you hang out the Dutch national flag on May the 5th, at Freedom's Day? Or don't you have a flag?

Question: DR112

1	once	34	3.4	3.8
2	twice	42	4.2	4.7
3	three times	49	4.9	5.5
4	four times	38	3.8	4.3
5	five times	175	17.6	19.7
8	not once but owns a flag	128	12.9	14.4
9	not once and does not own a flag	421	42.4	47.5
.	system missing	107	10.8	

V5153   number of times: 1 minute silence on the 4th of May
In the last five years, how often did you keep a minute of silence on May the 4th, at Remembrance Day?

Question: DR113

1	once	48	4.8	5.4
2	twice	39	3.9	4.4
3	three times	62	6.2	7.0
4	four times	86	8.7	9.7
5	five times	552	55.5	62.3
8	not once	99	10.0	11.2
.	system missing	108	10.9	

V5154   number of times: watched Queen visit on Queens day
In the last five years, how often have you watched on television the Queen visiting various places, at Queens's day?

Question: DR114

1	once	100	10.1	11.3
2	twice	107	10.8	12.1
3	three times	160	16.1	18.1
4	four times	106	10.7	12.0
5	five times	235	23.5	26.5
8	not once	178	17.9	20.1
.	system missing	108	10.9	

V5155   number of times: worn orange clothing on national events
In the last five years, how often have you used orange decoration or have you worn orange clothing during Queens Day or sport events (for example during European or World Championship Football, Skate tournaments; Olympic games)?

Question: DR115

1	never	306	30.8	34.5
2	occasionally	132	13.3	14.9
3	sometimes	199	20.0	22.5
4	often	166	16.7	18.7
5	almost always	83	8.4	9.4
9	no answer	2	.2	
.	system missing	106	10.7	

V5157   feel connection to neighbourhood
Your neighbourhood.

Question: DR116_1

1	high connection	190	19.1	21.6
2	connection	507	51.0	57.5
3	no connection	143	14.4	16.2
4	completely no connection	34	3.4	3.9
5	never thought about	7	.7	.8
9	no answer	7	.7	
.	system missing	106	10.7	

V5158   feel connection to municipality
Your municipality.

Question: DR116_2

1	high connection	93	9.4	10.6
2	connection	532	53.5	60.5
3	no connection	209	21.0	23.8
4	completely no connection	39	3.9	4.4
5	never thought about	7	.7	.8
9	no answer	8	.8	
.	system missing	106	10.7	

V5159   feel connection to province
Your province.

Question: DR116_3

1	high connection	69	6.9	7.9
2	connection	383	38.5	43.8
3	no connection	320	32.2	36.6
4	completely no connection	93	9.4	10.6
5	never thought about	9	.9	1.0
9	no answer	14	1.4	
.	system missing	106	10.7	

V5160   feel connection to the Netherlands
The Netherlands.

Question: DR116_4

1	high connection	148	14.9	16.8
2	connection	620	62.4	70.4
3	no connection	90	9.1	10.2
4	completely no connection	18	1.8	2.0
5	never thought about	5	.5	.6
9	no answer	7	.7	
.	system missing	106	10.7	

V5161   feel connection to Europe
Europe.

Question: DR116_5

1	high connection	42	4.2	4.8
2	connection	364	36.6	41.5
3	no connection	363	36.5	41.4
4	completely no connection	86	8.7	9.8
5	never thought about	22	2.2	2.5
9	no answer	11	1.1	
.	system missing	106	10.7	

V5162   feel connection to the entire world
The entire world.

Question: DR116_6

1	high connection	60	6.0	6.8
2	connection	297	29.9	33.9
3	no connection	348	35.0	39.7
4	completely no connection	119	12.0	13.6
5	never thought about	53	5.3	6.0
9	no information	11	1.1	

| | | system missing | 106 | 10.7 |

V5194 health situation
Now we have some questions about your health. What do you generally think of your health?

Question: V1004

1	excellent	195	19.6	19.6
2	very good	234	23.5	23.5
3	good	417	42.0	42.0
4	not very good	111	11.2	11.2
5	bad	37	3.7	3.7

V5242 eurostat 3-level nuts classification

Oost-Groningen	10	1.0	1.0
Delfzijl en omgeving	7	.7	.7
Overig Groningen	26	2.6	2.6
Noord-Friesland	28	2.8	2.8
Zuidwest-Friesland	5	.5	.5
Zuidoost-Friesland	14	1.4	1.4
Noord-Drenthe	26	2.6	2.6
Zuidoost-Drenthe	12	1.2	1.2
Zuidwest-Drenthe	11	1.1	1.1
Noord-Overijssel	22	2.2	2.2
Zuidwest-Overijssel	11	1.1	1.1
Twente	44	4.4	4.4
Veluwe	40	4.0	4.0
Achterhoek	25	2.5	2.5
Arnhem/Nijmegen	49	4.9	4.9
Zuidwest-Gelderland	12	1.2	1.2
Flevoland	25	2.5	2.5
Utrecht	63	6.3	6.3
Kop van Noord-Holland	11	1.1	1.1
Alkmaar en omgeving	7	.7	.7
IJmond	5	.5	.5
Agglomeratie Haarlem	10	1.0	1.0
Zaanstreek	6	.6	.6
Groot-Amsterdam	41	4.1	4.1
Het Gooi en Vechtstreek	11	1.1	1.1
Agglomeratie Leiden en Bollenstreek	24	2.4	2.4
Agglomeratie 's-Gravenhage	33	3.3	3.3
Delft en Westland	19	1.9	1.9
Oost-Zuid-Holland	26	2.6	2.6
Groot-Rijnmond	69	6.9	6.9
Zuidoost-Zuid-Holland	18	1.8	1.8
Zeeuwsch-Vlaanderen	5	.5	.5
Overig Zeeland	15	1.5	1.5
West-Noord-Brabant	39	3.9	3.9
Midden-Noord-Brabant	30	3.0	3.0
Noordoost-Noord-Brabant	50	5.0	5.0
Zuidoost-Noord-Brabant	56	5.6	5.6
Noord-Limburg	21	2.1	2.1
Midden-Limburg	20	2.0	2.0
Zuid-Limburg	48	4.8	4.8

V6000 composition of neighbourhood
What does your neighbourhood look like? I live in a neighbourhood with/consisting of...

Question: V260

1	no ethnic minorities	237	23.8	23.8
2	hardly any ethnic minorities	485	48.8	48.8
3	about 25% ethnic minorities	153	15.4	15.4
4	about 50% ethnic minorities	75	7.5	7.5
5	over 50% ethnic minorities	34	3.4	3.4
6	almost all ethnic minorities	10	1.0	1.0

V6001 highest completed education father partner
What was the highest school the father of your partner completed?

Question: V965

1	no completed school	127	12.8	20.8
2	lower vocational school (lbo)	165	16.6	27.0
3	lower secunday school (mulo, ulo, mavo vmbo)	61	6.1	10.0
4	KMBO, VHBO	7	.7	1.1
5	secondary vocational (mbo)	77	7.7	12.6
6	secondary vocational school (mbo plus)	22	2.2	3.6
7	O levels (mms havo)	1	.1	.2
8	A levels (hbs vwo)	34	3.4	5.6
9	college (hbo)	59	5.9	9.7
10	university (wo)	49	4.9	8.0
11	post-university education	3	.3	.5
12	phd or doctorate	3	.3	.5
13	Other	2	.2	.3
97	do not know	160	16.1	
·	system missing	224	22.5	

V6002 highest completed education mother partner
What was the highest school the mother of your partner completed?

Question: V970

1	no completed school	178	17.9	29.2
2	lower vocational school (lbo)	205	20.6	33.6
3	lower secunday school (mulo, ulo, mavo vmbo)	85	8.6	13.9
4	KMBO, VHBO	5	.5	.8
5	secondary vocational (mbo)	52	5.2	8.5
6	secondary vocational school (mbo plus)	15	1.5	2.5
7	O levels (mms havo)	14	1.4	2.3
8	A levels (hbs vwo)	11	1.1	1.8
9	college (hbo)	32	3.2	5.2
10	university (wo)	11	1.1	1.8
13	Other	2	.2	.3
97	do not know	160	16.1	
·	system missing	224	22.5	

V6003 social class as compared to class parents
Comparing your social class with your parents' social class, to what social class do you consider your own household?

Question: V955

1	higher social class	355	35.7	37.3
2	same social class	501	50.4	52.6

91

3	lower social class	97	9.8	10.2
8	not applicable, no household yet	41	4.1	

V6004 member denomination because: church offers help in problems
The church offers help in problems/ when you get into trouble.

Question: V452_1

1	agree entirely	34	3.4	9.9
2	agree	123	12.4	35.9
3	do not agree, do not disagree	84	8.5	24.5
4	do not agree	82	8.2	23.9
5	do not agree at all	20	2.0	5.8
6	never thought about	12	1.2	
.	system missing	639	64.3	

V6005 member denomination because: religious socialization
I am socialized religiously.

Question: V452_2

1	agree entirely	105	10.6	29.8
2	agree	180	18.1	51.1
3	do not agree, do not disagree	27	2.7	7.7
4	do not agree	31	3.1	8.8
5	do not agree at all	9	.9	2.6
6	never thought about	3	.3	
.	system missing	639	64.3	

V6006 member denomination because: standpoints valid
The church's standpoints are still valid nowadays.

Question: V452_3

1	agree entirely	49	4.9	14.0
2	agree	117	11.8	33.3
3	do not agree, do not disagree	81	8.1	23.1
4	do not agree	81	8.1	23.1
5	do not agree at all	23	2.3	6.6
6	never thought about	4	.4	
.	system missing	639	64.3	

V6007 member denomination because: one and only truth
My church preaches/proclaims the one and only truth.

Question: V452_4

1	agree entirely	20	2.0	5.8
2	agree	56	5.6	16.1
3	do not agree, do not disagree	68	6.8	19.6
4	do not agree	136	13.7	39.2
5	do not agree at all	67	6.7	19.3
6	never thought about	8	.8	
.	system missing	639	64.3	

V6008 member denomination because: meets religious needs
My church meets my religious needs.

Question: V452_5

1	agree entirely	50	5.0	14.6
2	agree	153	15.4	44.7
3	do not agree, do not disagree	75	7.5	21.9
4	do not agree	51	5.1	14.9
5	do not agree at all	13	1.3	3.8
6	never thought about	13	1.3	
.	system missing	639	64.3	

V6009   member denomination because: many members
There are many church members in my neighbourhood.

    Question: V452_6

1	agree entirely	22	2.2	6.6
2	agree	95	9.6	28.4
3	do not agree, do not disagree	54	5.4	16.2
4	do not agree	128	12.9	38.3
5	do not agree at all	35	3.5	10.5
6	never thought about	21	2.1	
.	system missing	639	64.3	

V6010   member denomination because: at home in spite of scandals
I feel at home at this church, in spite of religious scandals.

    Question: V452_7

1	agree entirely	47	4.7	13.8
2	agree	142	14.3	41.6
3	do not agree, do not disagree	73	7.3	21.4
4	do not agree	54	5.4	15.8
5	do not agree at all	25	2.5	7.3
6	never thought about	14	1.4	
.	system missing	639	64.3	

V6011   non-member denomination because: no help in problems
The church offers no help in problems.

    Question: V454_1

1	agree entirely	32	3.2	9.0
2	agree	96	9.7	26.9
3	do not agree, do not disagree	96	9.7	26.9
4	do not agree	107	10.8	30.0
5	do not agree at all	26	2.6	7.3
6	never thought about	32	3.2	
.	system missing	605	60.9	

V6012   non-member denomination because: no religious socialization
I am not socialized religiously.

    Question: V454_2

1	agree entirely	100	10.1	26.2
2	agree	113	11.4	29.7
3	do not agree, do not disagree	51	5.1	13.4
4	do not agree	85	8.6	22.3
5	do not agree at all	32	3.2	8.4
6	never thought about	8	.8	
.	system missing	605	60.9	

V6013 non-member denomination because: views no longer valid
The church's views are no longer valid.

Question: V454_3

1	agree entirely	75	7.5	20.3
2	agree	120	12.1	32.5
3	do not agree, do not disagree	72	7.2	19.5
4	do not agree	84	8.5	22.8
5	do not agree at all	18	1.8	4.9
6	never thought about	20	2.0	
.	system missing	605	60.9	

V6014 non-member denomination because: all claim one and only truth
There are many religions and they all claim one and only truth.

Question: V454_4

1	agree entirely	83	8.4	23.0
2	agree	120	12.1	33.2
3	do not agree, do not disagree	55	5.5	15.2
4	do not agree	74	7.4	20.5
5	do not agree at all	29	2.9	8.0
6	never thought about	28	2.8	
.	system missing	605	60.9	

V6015 non-member denomination because: do not meet religious needs
The current religions do not meet my religious needs.

Question: V454_5

1	agree entirely	80	8.0	23.8
2	agree	125	12.6	37.2
3	do not agree, do not disagree	57	5.7	17.0
4	do not agree	56	5.6	16.7
5	do not agree at all	18	1.8	5.4
6	never thought about	53	5.3	
.	system missing	605	60.9	

V6016 non-member denomination because: many non-members
There are many non-members in my neighbourhood.

Question: V454_6

1	agree entirely	30	3.0	8.5
2	agree	102	10.3	28.9
3	do not agree, do not disagree	72	7.2	20.4
4	do not agree	95	9.6	26.9
5	do not agree at all	54	5.4	15.3
6	never thought about	36	3.6	
.	system missing	605	60.9	

V6017 non-member denomination because: too many scandals
There have been too many religious scandals.

Question: V454_7

1	agree entirely	82	8.2	22.3
2	agree	116	11.7	31.6
3	do not agree, do not disagree	43	4.3	11.7

4	do not agree	92	9.3	25.1
5	do not agree at all	34	3.4	9.3
6	never thought about	22	2.2	
.	system missing	605	60.9	

V6018 left church because: no help in problems
The church offers no help in problems.

Question: V456_1

1	agree entirely	18	1.8	7.6
2	agree	66	6.6	27.7
3	do not agree, do not disagree	63	6.3	26.5
4	do not agree	70	7.0	29.4
5	do not agree at all	21	2.1	8.8
6	never thought about	12	1.2	
.	system missing	744	74.8	

V6019 left church because: socialized too religiously
I am socialized too religiously.

Question: V456_2

1	agree entirely	11	1.1	4.5
2	agree	37	3.7	15.0
3	do not agree, do not disagree	34	3.4	13.8
4	do not agree	93	9.4	37.8
5	do not agree at all	71	7.1	28.9
6	never thought about	4	.4	
.	system missing	744	74.8	

V6020 left church because: (ex-) partner had already left church
My (ex-) partner had already left church.

Question: V456_3

1	agree entirely	13	1.3	5.9
2	agree	26	2.6	11.8
3	do not agree, do not disagree	29	2.9	13.1
4	do not agree	83	8.4	37.6
5	do not agree at all	70	7.0	31.7
6	never thought about	13	1.3	
8	not applicable. never had partner	16	1.6	
.	system missing	744	74.8	

V6021 left church because: views no longer valid
The church's views are no longer valid.

Question: V456_4

1	agree entirely	52	5.2	21.2
2	agree	93	9.4	38.0
3	do not agree, do not disagree	52	5.2	21.2
4	do not agree	40	4.0	16.3
5	do not agree at all	8	.8	3.3
6	never thought about	5	.5	
.	system missing	744	74.8	

V6022 left church because: all claim one and only truth
There are many religions and they all claim one and only truth.

Question: V456_5

1	agree entirely	46	4.6	18.9
2	agree	80	8.0	32.8
3	do not agree, do not disagree	44	4.4	18.0
4	do not agree	54	5.4	22.1
5	do not agree at all	20	2.0	8.2
6	never thought about	6	.6	
.	system missing	744	74.8	

V6023 left church because: do not meet religious needs
The current religions do not meet my religious needs.

Question: V456_6

1	agree entirely	42	4.2	17.4
2	agree	107	10.8	44.4
3	do not agree, do not disagree	54	5.4	22.4
4	do not agree	29	2.9	12.0
5	do not agree at all	9	.9	3.7
6	never thought about	9	.9	
.	system missing	744	74.8	

V6024 left church because: many non-members
There are many non-members in my neighbourhood.

Question: V456_7

1	agree entirely	16	1.6	6.6
2	agree	63	6.3	26.1
3	do not agree, do not disagree	35	3.5	14.5
4	do not agree	89	9.0	36.9
5	do not agree at all	38	3.8	15.8
6	never thought about	9	.9	
.	system missing	744	74.8	

V6025 left church because: too many scandals
There have been too many religious scandals.

Question: V456_8

1	agree entirely	40	4.0	16.5
2	agree	66	6.6	27.3
3	do not agree, do not disagree	39	3.9	16.1
4	do not agree	61	6.1	25.2
5	do not agree at all	36	3.6	14.9
6	never thought about	8	.8	
.	system missing	744	74.8	

V6026 fire Dutchman or ethnic minority
Imagine there are two employees. One employee is a Dutchman, the other belongs
to an ethnic minority group. There are no differences between the two employees.
In case of dismissal, which of the employees should be fired: the Dutchman or the
ethnic minority?

Question: V1012

1	ethnic minority	77	7.7	7.7
2	Dutchman	26	2.6	2.6

| 3 | should not make a difference | 891 | 89.6 | 89.6 |

V6027 promotion for Dutchman or ethnic minority
Imagine there are two employees. One employee is a Dutchman, the other belongs to an ethnic minority group. There are no differences between the two employees. Which of the employees should get promotion: the Dutchman or the ethnic minority?

Question: V1013

1	ethnic minority	16	1.6	1.6
2	Dutchman	79	7.9	7.9
3	should not make a difference	899	90.4	90.4

V6028 house for ethnic minority or Dutch family
Imagine there are two families. One family belongs to an ethnic minority group, the other is a Dutch family. There are no differences between the two families. In case of housing shortage, which of the families should get the first vacant house: the ethnic nority family or the Dutch family?

Question: V1014

1	ethnic minority family	9	.9	.9
2	Dutch family	162	16.3	16.3
3	should not make a difference	823	82.8	82.8

V6029 fire man or woman
Imagine there are two employees. One employee is a man, the other is a woman. There are no differences between the two employees. In case of dismissal, which of the employees should be fired: the man or the woman?

Question: V1015

1	man	29	2.9	2.9
2	woman	74	7.4	7.4
3	should not make a difference	891	89.6	89.6

V6030 promotion man or woman
Imagine there are two employees. One employee is a man, the other is a woman. There are no differences between the two employees. Which of the employees should get promotion: the man or the woman?

Question: V1016

1	man	50	5.0	5.0
2	woman	63	6.3	6.3
3	should not make a difference	881	88.6	88.6

V6031 presence minorities increases criminality Netherlands
Due to the presence of ethnic minorities criminality in the Netherlands has increased.

Question: V1009_2

1	agree entirely	126	12.7	14.9
2	agree	420	42.3	49.8
3	do not agree, do not disagree	154	15.5	18.2
4	do not agree	116	11.7	13.7
5	do not agree at all	28	2.8	3.3
6	never thought about	12	1.2	

97

.	system missing	138	13.9

V6032 presence minorities increases criminality neighbourhood
Due to the presence of ethnic minorities criminality in my neighbourhood has increased.

Question: V1009_8

1	agree entirely	49	4.9	5.9
2	agree	133	13.4	16.1
3	do not agree, do not disagree	196	19.7	23.8
4	do not agree	345	34.7	41.9
5	do not agree at all	101	10.2	12.3
6	never thought about	32	3.2	
.	system missing	138	13.9	

V6033 wallet returned by: Dutch neighbour
Do you think your wallet with valuables will be returned by a Dutch neighbour?

Question: V319

1	very likely	249	25.1	25.1
2	likely	527	53.0	53.0
3	unlikely	172	17.3	17.3
4	very unlikely	46	4.6	4.6

V6034 wallet returned by: Moroccan neighbour
Do you think your wallet with valuables will be returned by a Moroccan neighbour?

Question: V321

1	very likely	102	10.3	10.3
2	likely	486	48.9	48.9
3	unlikely	307	30.9	30.9
4	very unlikely	99	10.0	10.0

V6035 wallet returned by: unknown neighbour
Do you think your wallet with valuables will be returned by an unknown neighbour?

Question: V323

1	very likely	60	6.0	6.0
2	likely	466	46.9	46.9
3	unlikely	379	38.1	38.1
4	very unlikely	89	9.0	9.0

V6036 wallet returned by: unknown person from outside neighbourhood
Do you think your wallet with valuables will be returned by an unknown person from outside your neighbourhood?

Question: V325

1	very likely	31	3.1	3.1
2	likely	335	33.7	33.7
3	unlikely	482	48.5	48.5
4	very unlikely	146	14.7	14.7

V6037 wallet returned by: Dutch policeman

Do you think your wallet with valuables will be returned by a Dutch policeman?

Question: 327

1	very likely	512	51.5	51.5
2	likely	412	41.4	41.4
3	unlikely	57	5.7	5.7
4	very unlikely	13	1.3	1.3

V6038   one/more friends from Turkish descent
Do you have one or more friends from Turkish descent?

Question: V823

1	yes	150	15.1	15.1
2	no	844	84.9	84.9

V6039   one/more friends from Moroccan descent
Do you have one or more friends from Moroccan descent?

Question: V824

1	yes	122	12.3	12.3
2	no	872	87.7	87.7

V6040   one/more friends from Surinam/Antillian descent
Do you have one or more friends from Surinam/Antillian descent?

Question: V825

1	yes	247	24.8	24.8
2	no	747	75.2	75.2

V6041   frequency personal contact with Turk in neighbourhood
How often have you had personal contact with Turks in your neighbourhood in the last year?

Question: V854

1	daily	50	5.0	5.0
2	once or several times a week	113	11.4	11.4
3	several times a month	88	8.9	8.9
4	about once a month	58	5.8	5.8
5	several times a year	132	13.3	13.3
6	about once a year	64	6.4	6.4
7	never	489	49.2	49.2

V6042   frequency personal contact with Moroccan in neighbourhood
How often have you had personal contact with Moroccans in your neighbourhood in the last year?

Question: V855

1	daily	36	3.6	3.6
2	once or several times a week	97	9.8	9.8
3	several times a month	76	7.6	7.6
4	about once a month	60	6.0	6.0
5	several times a year	113	11.4	11.4
6	about once a year	58	5.8	5.8
7	never	554	55.7	55.7

V6043 frequency personal contact with Surinamese/Antillian in neighbourhood
How often have you had personal contact with Surinamese/Antillians in your
neighbourhood in the last year?

Question: V856

1	daily	29	2.9	2.9
2	once or several times a week	95	9.6	9.6
3	several times a month	74	7.4	7.4
4	about once a month	62	6.2	6.2
5	several times a year	117	11.8	11.8
6	about once a year	69	6.9	6.9
7	never	548	55.1	55.1

V6044 evaluation of personal interethnic contacts in neighbourhood
In case you have had personal contact with ethnic minorities in your
neighbourhood in the last year, how do you evaluate this contact?

Question: V857

1	very positive	42	4.2	9.4
2	positive	242	24.3	54.3
3	neutral	155	15.6	34.8
4	negative	7	.7	1.6
.	system missing	548	55.1	

V6045 frequency personal contact with Turk at work/in school
How often have you had personal contact with Turks at work and/or in school in
the last year?

Question: V858

1	daily	132	13.3	13.3
2	once or several times a week	142	14.3	14.3
3	several times a month	83	8.4	8.4
4	about once a month	45	4.5	4.5
5	several times a year	106	10.7	10.7
6	about once a year	34	3.4	3.4
7	never	452	45.5	45.5

V6046 frequency personal contact with Moroccan at work/in school
How often have you had personal contact with Moroccans at work and/or in school
in the last year?

Question: V859

1	daily	111	11.2	11.2
2	once or several times a week	135	13.6	13.6
3	several times a month	81	8.1	8.1
4	about once a month	48	4.8	4.8
5	several times a year	82	8.2	8.2
6	about once a year	49	4.9	4.9
7	never	488	49.1	49.1

V6047 frequency personal contact with Surinamese/Antillian at work/in school
How often have you had personal contact with Surinamese/Antillian at work
and/or in school in the last year?

Question: V860

100

1	daily	110	11.1	11.1
2	once or several times a week	122	12.3	12.3
3	several times a month	93	9.4	9.4
4	about once a month	44	4.4	4.4
5	several times a year	101	10.2	10.2
6	about once a year	35	3.5	3.5
7	never	489	49.2	49.2

V6048 evaluation of personal interethnic contacts at work/in school
In case you have had personal contact with ethnic minorities at work and/or in school in the last year, how do you evaluate this contact?

Question: V861

1	very positive	82	8.2	12.6
2	positive	368	37.0	56.5
3	neutral	185	18.6	28.4
4	negative	16	1.6	2.5
.	system missing	343	34.5	

V6049 contact with native Dutch in neighbourhood
How often have you had personal contact with native Dutch in your neighbourhood in the last year?

Question: V250

1	daily	650	65.4	65.4
2	once or several times a week	214	21.5	21.5
3	several times a month	63	6.3	6.3
4	about once a month	9	.9	.9
5	several times a year	13	1.3	1.3
6	about once a year	6	.6	.6
7	never	39	3.9	3.9

V6050 Dutchman entitled to unemployment benefit
Imagine someone, about 30 years old, becomes unemployed. He has worked the last five years. That's why this person applies for unemployment money. If this person is a Dutchman, do you think he is entitled to unemployment benefit?

Question: V1021

1	yes, is certainly entitled	609	61.3	61.3
2	yes, is entitled	279	28.1	28.1
3	is in some cases entitled	95	9.6	9.6
4	no, not entitled	9	.9	.9
5	no, is certainly not entitled	2	.2	.2

V6051 ethnic minority entitled to unemployment benefit
Imagine someone, about 30 years old, becomes unemployed. He has worked the last five years. That's why this person applies for unemployment money. If this person is an ethnic minority, do you think he is entitled to unemployment benefit?

Question: V1022

1	yes, is certainly entitled	585	58.9	58.9
2	yes, is entitled	290	29.2	29.2
3	is in some cases entitled	101	10.2	10.2
4	no, not entitled	13	1.3	1.3
5	no, is certainly not entitled	5	.5	.5

V6052   Christian foundation of school
Imagine a group of people wants to found a new school, based on Christian principles. Do you think   this group has the right to found this school?

Question: V1023

1	yes, has certainly the right	318	32.0	32.0
2	yes, has the right	376	37.8	37.8
3	has in some cases the right	170	17.1	17.1
4	no, has no right	109	11.0	11.0
5	no, has certainly no right	21	2.1	2.1

V6053   Islamic foundation of school
Imagine a group of people wants to found a new school, based on Islamic principles. Do you think this group has the right to found this school?

Question: V1024

1	yes, has certainly the right	214	21.5	21.5
2	yes, has the right	252	25.4	25.4
3	has in some cases the right	257	25.9	25.9
4	no, has no right	200	20.1	20.1
5	no, has certainly no right	71	7.1	7.1

V6054   Muslims respect lifestyles others
Most Muslims in the Netherlands have no respect the lifestyles of others.

Question: DR122_1

1	agree entirely	46	4.6	5.4
2	agree	298	30.0	35.0
3	do not agree, do not disagree	256	25.8	30.0
4	do not agree	208	20.9	24.4
5	do not agree at all	44	4.4	5.2
6	never thought about	29	2.9	
9	no answer	7	.7	
.	system missing	106	10.7	

V6055   trust members local government
How much confidence do you have in members of the local government?

Question: DR105_1

0	no trust at all	8	.8	.9
1	1	10	1.0	1.1
2	2	25	2.5	2.8
3	3	55	5.5	6.2
4	4	80	8.0	9.0
5	5	203	20.4	22.9
6	6	242	24.3	27.3
7	7	196	19.7	22.1
8	8	56	5.6	6.3
9	9	10	1.0	1.1
10	complete trust	2	.2	.2
99	no answer	1	.1	
.	system missing	106	10.7	

V6056   Euros for new trees

Imagine you book a holiday flight to Spain. The flight costs 1000 Euros per person. How much are you willing to pay more for an ecotax to plant new trees to compensate for CO_2 emission?

Question: DR106

1	nothing	297	29.9	33.9
2	10 Euro more	325	32.7	37.1
3	50 Euro more	186	18.7	21.2
4	100 Euro more	56	5.6	6.4
5	200 Euro more	13	1.3	1.5
9	no answer	11	1.1	
.	system missing	106	10.7	

V6057   Euros for biological vegetables
Imagine you buy 500 grams of French beans for 2 Euros in the supermarket. How much are you willing to pay more for the same amount of biological and unsprayed vegetables?

Question: DR107

1	nothing	291	29.3	33.1
2	10 Eurocent more	252	25.4	28.7
3	50 Eurocent more	258	26.0	29.4
4	1 Euro more	66	6.6	7.5
5	2 Euro more	11	1.1	1.3
9	no answer	10	1.0	
.	system missing	106	10.7	

V6058   Euros for electric car
Imagine you intend to buy a new car for 15.000 Euros. How much are you willing to pay more for an electric car to reduce the emission of CO_2?

Question: DR108

1	nothing	401	40.3	45.8
2	1.000 Euro more	377	37.9	43.0
3	5.000 Euro more	92	9.3	10.5
4	10.000 Euro more	6	.6	.7
9	no answer	12	1.2	
.	system missing	106	10.7	

V6059   Euros for green energy
Imagine you pay 800 Euros for electricity at your electricity company. How much are you willing to pay more for the same quantity of green energy?

Question: DR109

1	nothing	445	44.8	50.7
2	10 Euro more	186	18.7	21.2
3	50 Euro more	178	17.9	20.3
4	100 Euro more	59	5.9	6.7
5	200 Euro more	10	1.0	1.1
9	no answer	10	1.0	
.	system missing	106	10.7	

V6060   Euros for biological meat
Imagine you buy 1 kilogram chicken breast for 4 Euros in the supermarket. How much are you willing to pay more for the same amount of biological and animal friendly chicken breast?

Question: DR110

1	nothing	238	23.9	28.2
2	50 Eurocent more	223	22.4	26.5
3	1 Euro more	233	23.4	27.6
4	2 Euro more	111	11.2	13.2
5	3 Euro more	38	3.8	4.5
8	not applicable, vegetarian	36	3.6	
9	no answer	9	.9	
.	system missing	106	10.7	

V6061   overall satisfaction
How satisfied are you nowadays with your life in general?

Question: DR128_1

0	very unsatisfied	1	.1	.1
1	1	1	.1	.1
3	3	5	.5	.6
4	4	5	.5	.6
5	5	30	3.0	3.4
6	6	66	6.6	7.5
7	7	245	24.6	28.0
8	8	371	37.3	42.4
9	9	125	12.6	14.3
10	very satisfied	27	2.7	3.1
99	no answer	12	1.2	
.	system missing	106	10.7	

V6062   overall happiness
How happy are you nowadays?

Question: DR129_1

0	very unhappy	2	.2	.2
1	1	1	.1	.1
2	2	2	.2	.2
3	3	4	.4	.5
4	4	12	1.2	1.4
5	5	24	2.4	2.7
6	6	70	7.0	8.0
7	7	246	24.7	28.1
8	8	342	34.4	39.0
9	9	134	13.5	15.3
10	very happy	39	3.9	4.5
99	no answer	12	1.2	
.	system missing	106	10.7	

V6063   no control of events
I have little control of the events I experience.

Question: DR125_1

1	agree entirely	12	1.2	1.4
2	agree	84	8.5	9.5
3	do not agree, do not disagree	332	33.4	37.6
4	do not agree	388	39.0	43.9
5	do not agree at all	67	6.7	7.6
9	no answer	5	.5	

.	system missing	106	10.7	

V6064 no possibilities to solve problems
I don't see any possibility to solve some of the problems I have.

Question: DR125_2

1	agree entirely	19	1.9	2.2
2	agree	75	7.5	8.5
3	do not agree, do not disagree	173	17.4	19.6
4	do not agree	515	51.8	58.5
5	do not agree at all	99	10.0	11.2
9	no answer	7	.7	
.	system missing	106	10.7	

V6065 few possibilities to change life
There are few possibilities to change important things in my life.

Question: DR125_3

1	agree entirely	9	.9	1.0
2	agree	60	6.0	6.8
3	do not agree, do not disagree	147	14.8	16.7
4	do not agree	556	55.9	63.1
5	do not agree at all	109	11.0	12.4
9	no answer	7	.7	
.	system missing	106	10.7	

V6066 helpless encountering problems
I often feel helpless encountering problems in life.

Question: DR125_4

1	agree entirely	8	.8	.9
2	agree	57	5.7	6.5
3	do not agree, do not disagree	142	14.3	16.1
4	do not agree	529	53.2	60.0
5	do not agree at all	146	14.7	16.6
9	no answer	6	.6	
.	system missing	106	10.7	

V6067 feel lack of control
Sometimes I feel a lack of control in my life.

Question: DR125_5

1	agree entirely	19	1.9	2.2
2	agree	116	11.7	13.2
3	do not agree, do not disagree	212	21.3	24.0
4	do not agree	409	41.1	46.4
5	do not agree at all	126	12.7	14.3
9	no answer	6	.6	
.	system missing	106	10.7	

V6068 feel care of surrounding people
I feel care of the people who surround me.

Question: DR126_1

1	agree entirely	214	21.5	24.2

2	agree	556	55.9	62.9
3	do not agree, do not disagree	100	10.1	11.3
4	do not agree	12	1.2	1.4
5	do not agree at all	2	.2	.2
9	no answer	4	.4	
.	system missing	106	10.7	

V6069   support from surrounding people
I feel support from the people who surround me.

Question: DR126_2

1	agree entirely	188	18.9	21.3
2	agree	546	54.9	61.8
3	do not agree, do not disagree	125	12.6	14.2
4	do not agree	18	1.8	2.0
5	do not agree at all	6	.6	.7
9	no answer	5	.5	
.	system missing	106	10.7	

V6070   comfort from surrounding people
I feel comfort from the people who surround me.

Question: DR126_3

1	agree entirely	175	17.6	19.8
2	agree	556	55.9	63.0
3	do not agree, do not disagree	119	12.0	13.5
4	do not agree	28	2.8	3.2
5	do not agree at all	4	.4	.5
9	no answer	6	.6	
.	system missing	106	10.7	

V6071   advice from surrounding people
I get advice from the people who surround me.

Question: DR126_4

1	agree entirely	174	17.5	19.7
2	agree	558	56.1	63.3
3	do not agree, do not disagree	128	12.9	14.5
4	do not agree	18	1.8	2.0
5	do not agree at all	4	.4	.5
9	no answer	6	.6	
.	system missing	106	10.7	

V6072   nature of obesity: because obesity is widely accepted among some population
groups
Why are some people obese? Some people are obese because obesity is widely
accepted among some population groups.

Question: DR127_7

1	agree entirely	29	2.9	3.5
2	agree	250	25.2	29.8
3	do not agree, do not disagree	259	26.1	30.9
4	do not agree	243	24.4	29.0
5	do not agree at all	58	5.8	6.9
6	never thought about	33	3.3	
9	no answer	16	1.6	

V6073   nature of obesity: because unhealthy eating is very common among some population groups Why are some people obese? Some people are obese because unhealthy eating is very common among some population groups.

Question: DR127_12

1	agree entirely	62	6.2	7.3
2	agree	422	42.5	49.9
3	do not agree, do not disagree	220	22.1	26.0
4	do not agree	104	10.5	12.3
5	do not agree at all	37	3.7	4.4
6	never thought about	28	2.8	
9	no answer	15	1.5	
·	system missing	106	10.7	

V6074   nature of obesity: because parents teach children unhealthy eating
Why are some people obese? Some people are obese because parents teach children unhealthy eating habits.

Question: DR127_11

1	agree entirely	115	11.6	13.3
2	agree	503	50.6	58.2
3	do not agree, do not disagree	185	18.6	21.4
4	do not agree	49	4.9	5.7
5	do not agree at all	13	1.3	1.5
6	never thought about	9	.9	
9	no answer	14	1.4	
·	system missing	106	10.7	

V6075   nature of obesity: because their parents didn't teach them to eat healthy
Why are some people obese? Some people are obese because their parents didn't teach them to eat healthy when they were a child

Question: DR127_6

1	agree entirely	104	10.5	12.1
2	agree	462	46.5	53.6
3	do not agree, do not disagree	190	19.1	22.0
4	do not agree	90	9.1	10.4
5	do not agree at all	16	1.6	1.9
6	never thought about	10	1.0	
9	no answer	16	1.6	
·	system missing	106	10.7	

V6076   nature of obesity: because they are genetically predisposed to weight gain
Why are some people obese? Some people are obese because they are genetically predisposed to weight gain.

Question: DR127_1

1	agree entirely	92	9.3	10.6
2	agree	498	50.1	57.6
3	do not agree, do not disagree	187	18.8	21.6
4	do not agree	69	6.9	8.0
5	do not agree at all	19	1.9	2.2
6	never thought about	11	1.1	
9	no answer	12	1.2	

.	system missing	106	10.7	

V6077 nature of obesity: because obesity runs in the family
Why are some people obese? Some people are obese because obesity runs in the family.

Question: DR127_4

1	agree entirely	36	3.6	4.2
2	agree	359	36.1	41.6
3	do not agree, do not disagree	270	27.2	31.3
4	do not agree	171	17.2	19.8
5	do not agree at all	26	2.6	3.0
6	never thought about	10	1.0	
9	no answer	16	1.6	
.	system missing	106	10.7	

V6078 nature of obesity: because the fat burn rate of their body is too low
Why are some people obese? Some people are obese because the fat burn rate of their body is too low.

Question: DR127_3

1	agree entirely	45	4.5	5.3
2	agree	407	40.9	48.3
3	do not agree, do not disagree	252	25.4	29.9
4	do not agree	110	11.1	13.0
5	do not agree at all	29	2.9	3.4
6	never thought about	27	2.7	
9	no answer	18	1.8	
.	system missing	106	10.7	

V6079 nature of obesity: because their body fails to function well
Why are some people obese? Some people are obese because their body fails to function well.

Question: DR127_13

1	agree entirely	37	3.7	4.4
2	agree	352	35.4	41.7
3	do not agree, do not disagree	285	28.7	33.8
4	do not agree	123	12.4	14.6
5	do not agree at all	47	4.7	5.6
6	never thought about	29	2.9	
9	no answer	15	1.5	
.	system missing	106	10.7	

V6080 nature of obesity: because they have too little willpower to lose weight
Why are some people obese? Some people are obese because they have too little willpower to lose weight.

Question: DR127_2

1	agree entirely	70	7.0	8.1
2	agree	490	49.3	57.0
3	do not agree, do not disagree	206	20.7	24.0
4	do not agree	83	8.4	9.7
5	do not agree at all	11	1.1	1.3
6	never thought about	13	1.3	
9	no answer	15	1.5	

V6081   nature of obesity: because they lack the will to exercise enough
Why are some people obese? Some people are obese because they lack the will to exercise enough.

Question: DR127_8

1	agree entirely	98	9.9	11.4
2	agree	489	49.2	56.8
3	do not agree, do not disagree	199	20.0	23.1
4	do not agree	65	6.5	7.5
5	do not agree at all	10	1.0	1.2
6	never thought about	11	1.1	
9	no answer	16	1.6	
·	system missing	106	10.7	

V6082   nature of obesity: because God made people of all kinds of sizes and nature
Why are some people obese? Some people are obese because God made people of all kinds of sizes and nature.

Question: DR127_9

1	agree entirely	16	1.6	1.9
2	agree	92	9.3	11.0
3	do not agree, do not disagree	161	16.2	19.3
4	do not agree	244	24.5	29.2
5	do not agree at all	322	32.4	38.6
6	never thought about	38	3.8	
9	no answer	15	1.5	
·	system missing	106	10.7	

V6083   nature of obesity: because obese people are also part of God's creation
Why are some people obese? Some people are obese because obese people are also part of God's creation.

Question: DR127_14

1	agree entirely	28	2.8	3.4
2	agree	93	9.4	11.4
3	do not agree, do not disagree	161	16.2	19.8
4	do not agree	211	21.2	25.9
5	do not agree at all	321	32.3	39.4
6	never thought about	56	5.6	
9	no answer	18	1.8	
·	system missing	106	10.7	

V6084   nature of obesity: because they eat too much
Why are some people obese? Some people are obese because they eat too much.

Question: DR127_5

1	agree entirely	193	19.4	22.3
2	agree	518	52.1	59.8
3	do not agree, do not disagree	124	12.5	14.3
4	do not agree	25	2.5	2.9
5	do not agree at all	6	.6	.7
6	never thought about	7	.7	
9	no answer	15	1.5	
·	system missing	106	10.7	

V6085 nature of obesity: because they exercise too little
Why are some people obese? Some people are obese because they exercise too little.

Question: DR127_10

1	agree entirely	145	14.6	16.8
2	agree	541	54.4	62.7
3	do not agree, do not disagree	137	13.8	15.9
4	do not agree	32	3.2	3.7
5	do not agree at all	8	.8	.9
6	never thought about	9	.9	
9	no answer	16	1.6	
·	system missing	106	10.7	

V6086 member denomination because: answers to injustice
The church gives no answer to injustice.

Question: V452_8

1	agree entirely	27	2.7	7.8
2	agree	74	7.4	21.4
3	do not agree, do not disagree	92	9.3	26.6
4	do not agree	121	12.2	35.0
5	do not agree at all	32	3.2	9.2
6	never thought about	9	.9	
·	system missing	639	64.3	

V6087 non-member denomination because: no answers to injustice
The church gives no answer to injustice.

Question: V454_8

1	agree entirely	73	7.3	19.9
2	agree	145	14.6	39.5
3	do not agree, do not disagree	51	5.1	13.9
4	do not agree	70	7.0	19.0
5	do not agree at all	28	2.8	7.6
6	never thought about	22	2.2	
·	system missing	605	60.9	

V6088 left church because: no answers to injustice
The church gives no answer to injustice.

Question: V456_9

1	agree entirely	43	4.3	17.8
2	agree	93	9.4	38.6
3	do not agree, do not disagree	35	3.5	14.2
4	do not agree	52	5.2	21.6
5	do not agree at all	18	1.8	7.5
6	never thought about	9	.9	
·	system missing	744	74.8	

V6090 international socio-economic index respondent (ISEI)

V6091 international socio-economic index father (ISEI)

V6092 international socio-economic index partner (ISEI)

110

References

Eisinga, R., Felling, A., Peters, J., Scheepers, P. & Schreuder, O. (1992a). *Religion in Dutch society 90, documentation of a national survey on religious and secular attitudes in 1990*, Amsterdam, Steinmetz Archive.

Eisinga, R., Felling, A., Peters, J. & Scheepers, P. (1992b). *Social and cultural trends in the Netherlands, documentation of three national surveys of 1979, 1985 and 1990 on religious and secular attitudes*, Amsterdam, Steinmetz Archive.

Eisinga, R. (1995). *Social and cultural trends in the Netherlands, a sociological research program 1979-1994*, Nijmegen, Instituut voor Toegepaste Sociale Wetenschappen.

Eisinga, R., Felling, A., Peters, J. & Scheepers, P. (1999). *Religion in Dutch society 95, documentation of a national survey on religious and secular attitudes in 1995*, Amsterdam, Steinmetz Archive.

Eisinga, R., Coenders, M., Felling, A., Grotenhuis, M. te, Oomens, S. & Scheepers, P. (2002). *Religion in Dutch society 2000, documentation of a national survey on religious and secular attitudes in 2000*, Amsterdam, Steinmetz Archive.

Felling, A., Peters, J., Schreuder, O., Scheepers, P. & Snippenburg, L.B. van (1986). *Religion in Dutch society, documentation of a national survey on religious and secular attitudes in 1979*, Amsterdam, Steinmetz Archive.

Felling, A., Peters, J., Schreuder, O., Eisinga, R. & Scheepers, P. (1987). *Religion in Dutch society 85, documentation of a national survey on religious and secular attitudes in 1985*, Amsterdam, Steinmetz Archive.

Felling, A., Peters, J. & Scheepers, P. (1992). *Individual changes in the Netherlands, documentation of a two-wave panel research in 1985 and 1990 on religious and secular attitudes*, Amsterdam, Steinmetz Archive.

Schothorst, Y. & Hilhorst, M. (2012). *Veldwerkverslag 'Sociaal-culturele ontwikkelingen in Nederland' (SOCON 2011).* **Amsterdam, Veldkamp.**

Appendices

Appendices

Appendix 1 the face-to-face questionnaire

VRAAG 1   **ADDRESS**

117L4 VAN HET ADRESBESTAND

VRAAG 2

101L4

respondentnr

SCHRIJF IN POSITIE Q2 Q1
PLAATS IN resp Q2

VRAAG 998

Enq.: staat het geluid aan?
Ter controle volgt nu het geluidsfragment dat u zult
horen wanneer de respondent de laptop aan u moet terug geven.

*PLAY "v3827.wav"

VRAAG 999

105L1

    9 ❑   doorgaan

VRAAG 3

De vragen die ik u tijdens dit vraaggesprek ga stellen hebben betrekking
op allerlei onderwerpen, zoals wat u belangrijk vindt in het leven, de politiek,
uw kijk op de maatschappij, godsdienst en levensbeschouwing, wat u vindt over
etnische minderheden, uw werk, uw gezondheid en hoe u de verhouding ziet tussen
mannen en vrouwen.
Dit onderzoek loopt al 30 jaar. Een van de doelstellingen van het onderzoek is
om vast te stellen of en in hoeverre Nederlanders van mening veranderen over
deze onderwerpen. Daarom worden er soms stellingen aan u voorgelegd die een
beetje ouderwets overkomen maar toch nog steeds actueel zijn.
Over dit soort onderwerpen ga ik uw mening vragen. Daarbij gaat het
uitdrukkelijk om UW PERSOONLIJKE MENING. U moet dus niet denken, dat uw
antwoorden goed of fout kunnen zijn. Vaak zal ik u een aantal lijsten
voorleggen. Daarbij hoeft u niet te lang nadenken. Het gaat om uw eerste
spontane reactie.
Bij een deel van de vragen zal ik u de laptop geven. Dan kunt u zelf uw mening
geven en uw antwoord intypen. Mocht het bedienen van de laptop lastig voor u
zijn, dan help ik u natuurlijk.
Uitdrukkelijk wijs ik er nog eens op, dat de informatie die u verstrekt hoogst
VERTROUWELIJK en ANONIEM behandeld zal worden. Niemand zal de gegevens die u
verstrekt tot u kunnen herleiden.
Het vraaggesprek zal ongeveer een uur in beslag nemen.

VRAAG 10

(a0007)
Enq.: Noteer voor u met het interview begint eerst het
respondentnr op de POSTVRAGENLIJST.
Respondentnummer <?>

VRAAG 20   **FORMULIER VRAAG**

(v0277)
Enq.: Voer hier de datum van het interview in

VRAAG 30   **NUMBER 19L8 ADDRESS DUMMY**

19L8 VAN HET ADRESBESTAND

(v0268)
Interviewernummer

VRAAG 40

(v0013)
Enq.: Noteer stilzwijgend geslacht.
Respondent is:

1 ❑ man
2 ❑ vrouw

VRAAG 100   **FORMULIER VRAAG**

(v0014)
In welk jaar bent u geboren?

Geboortejaar: ......
(Enq.: voer getal in tussen 1941 en 1993)

VRAAG 110

(v1915)
Hebben of hadden u, uw ouders en uw grootouders allemaal van oorsprong
de Nederlandse nationaliteit?

1 ❑ ja, allemaal de Nederlandse nationaliteit
2 ❑ nee, niet allemaal de Nederlandse nationaliteit

VRAAG 120

(v3010)
In Nederland leven verschillende etnische groepen, zoals autochtone Nederlanders, Turken, Marokkanen, Surinamers enz.
Tot welke etnische groep rekent u zichzelf?

1 ❑ Nederlandse
2 ❑ Turkse
3 ❑ Marokkaanse
4 ❑ Surinaamse
5 ❑ Antilliaanse
6 ❑ Andere, namelijk

VRAAG 140

(v0040)
Wat is de HOOGSTE schoolopleiding die u heeft VOLTOOID na de lagere school?

1 ❑ geen schoolopleiding voltooid na de lagere school
2 ❑ Lager beroepsonderwijs, lagere technische school, nijverheidsonderwijs, huishoudschool, VMBO basisberoepsgerichte of kaderberoepsgerichte leerweg
3 ❑ MULO, ULO, MAVO, VMBO theoretische of gemengde leerweg
4 ❑ Kort MBO, VHBO
5 ❑ Middelbaar beroepsonderwijs, MBO beroepsopleidende leerweg
6 ❑ MBO-plus voor toegang tot het HBO, korte HBO-opleiding (korter dan 2 jaar)
7 ❑ MMS, HAVO,
8 ❑ HBS, VWO, gymnasium, atheneum,
9 ❑ Hoger beroepsonderwijs, kweekschool, conservatorium, MO-acten, nieuwe stijl hoge scholen,
10 ❑ Wetenschappelijk onderwijs, universiteit, technische - economische hogeschool oude stijl.
11 ❑ Postdoctorale opleiding (leraren- en beroepsopleidingen zoals medici, apotheker)
12 ❑ Aio\Oio of andere promotieopleiding tot graad van doctor
13 ❑ Anders
97 ❑ weet niet

VRAAG 200

(v0016)
Ik wil u nu enkele vragen stellen die gaan over wat u doet in het dagelijks leven.
Heeft u nu betaald werk? Het gaat hierbij om een min of meer vaste baan, waarvoor

u geregeld salaris krijgt en waarover u loonbelasting en sociale premies betaald.
Als u volledig dagonderwijs volgt, dient u deze vraag met 'nee' te beantwoorden.

1 ☐   ja
     ⇘   *GA VERDER NAAR VRAAG 209*
2 ☐   nee

VRAAG 203

142L1

(v0017)
Wat is op dit moment uw voornaamste bezigheid?

1 ☐   is gepensioneerd (functioneel leeftijdsontslag, VUT, rentenierend)
2 ☐   volgt volledig dagonderwijs (scholier, student)
3 ☐   krijgt WAO, is invalide
4 ☐   heeft gewerkt, maar is nu werkloos en zoekt opnieuw werk
     ⇘   *GA VERDER NAAR VRAAG 209*
5 ☐   heeft geen werk gehad en zoekt voor het eerst werk
     ⇘   *GA VERDER NAAR VRAAG 236*
6 ☐   werkt in eigen huishouding
7 ☐   hoofdzakelijk vrijwilligerswerk
8 ☐   doet wat anders

VRAAG 207

143L1

(v0018)
Heeft u al eens betaald werk gehad?

1 ☐   ja
2 ☐   nee
     ⇘   *GA VERDER NAAR VRAAG 236*

INDIEN [Q200 , 1] PLAATS IN txt[1] "gaat" PLAATS IN txt[2] "uitoefent"
INDIEN [Q200 , 2 & (Q206 , 1 \ Q203 , 4)] PLAATS IN txt[1] "ging" PLAATS IN txt[2] "uitoefende" PLAATS IN txt[3] "Enquêteur: indien de respondent nu geen baan heeft, maar in het verleden wel werk heeft gehad, hebben deze vragen betrekking op de laatste baan.
De respondent dient hier zo nauwkeurig mogelijk aan te geven, wat de naam van het beroep of de functie was."

VRAAG 209   FORMULIER VRAAG

Om wat voor werk <?> het precies? Wilt u zo nauwkeurig mogelijk
opgeven welk beroep of welke functie u <?>?
<?>

VRAAG 212   FORMULIER VRAAG

(v0025)
Kunt u dit verder verduidelijken door uw voornaamste werkzaamheden te noemen?

INDIEN [Q200 , 1] PLAATS IN txt[1] "werkt" PLAATS IN txt[2] "werkt" PLAATS IN txt[3] "Geeft"
INDIEN [Q200 , 2 & (Q206 , 1 \ Q203 , 4)] PLAATS IN txt[1] "werkte" PLAATS IN txt[2] "werkte" PLAATS IN txt[3] "Gaf"

VRAAG 215   FORMULIER VRAAG

In wat voor soort bedrijf of instelling <?> u?

VRAAG 227   FORMULIER VRAAG

Hoeveel uur <?> u gewoonlijk per week?
Enquêteur: bedoeld wordt hoeveel uur de respondent feitelijk <?>.

VRAAG 230

266L1

(v0034)
<?> u:
Enquêteur: lees voor

1 ☐	in loondienst bij overheidsinstantie
2 ☐	in loondienst bij particulier bedrijf
3 ☐	als zelfstandige
4 ☐	in een gezinsbedrijf (meewerkend gezinslid)

VRAAG 233

267L1

(v0035)
<?> u bij het werk leiding aan andere mensen?
Zo ja: aan hoeveel mensen?

1 ☐	nee
2 ☐	ja, aan minder dan 5 mensen
3 ☐	ja, aan 5 tot en met 9 mensen
4 ☐	ja, aan 10 tot en met 19 mensen
5 ☐	ja, aan 20 tot en met 49 mensen
6 ☐	ja, aan 50 of meer mensen

VRAAG 236   **FORMULIER VRAAG**

De volgende vragen gaan over wonen.
Sinds welk jaar woont u op dit adres?

Jaartal: ......
(Enq.: voer getal in tussen 1941 en 2011)

VRAAG 237

(v3276)
Woont u nog bij uw ouders thuis?

1 ☐	ja
2 ☐	nee

VRAAG 239

272L1

(v0241)
Hoe vaak bent u verhuisd in de laatste tien jaar?

0 ☐	nooit
1 ☐	een maal
2 ☐	twee maal
3 ☐	drie maal of vaker

VRAAG 242

273L1

(v5026)
Woont u in een huurwoning of in een koopwoning?

1 ☐	huurwoning
2 ☐	koopwoning

VRAAG 245

(v5027)
Hoe tevreden bent u met de buurt waarin u woont? Bent u zeer tevreden,
tamelijk tevreden, niet tevreden, maar ook niet ontevreden, of bent
u tamelijk ontevreden of zeer ontevreden met de buurt waarin u woont?

1 ☐   zeer tevreden
2 ☐   tamelijk tevreden
3 ☐   niet tevreden, niet ontevreden
4 ☐   tamelijk ontevreden
5 ☐   zeer ontevreden

VRAAG 250

(v6049)
Hoe vaak heeft u het afgelopen jaar in uw buurt/woonplaats persoonlijk contact gehad met autochtone
Nederlanders?

1 ☐   elke dag
2 ☐   een of meerdere keren per week
3 ☐   een aantal keren per maand
4 ☐   ongeveer één keer per maand
5 ☐   een aantal keren per jaar
6 ☐   ongeveer één keer per jaar
7 ☐   nooit

VRAAG 260

(v6000)
Op deze lijst staat een aantal buurten omschreven. Kunt u zeggen hoe uw buurt er ongeveer uit
ziet?

Lijst 1

Ik woon in een buurt waarin ...
1 ☐   geen etnische minderheden wonen
2 ☐   nauwelijks etnische minderheden wonen
3 ☐   ongeveer een kwart van de bewoners tot een etnische minderheid behoort
4 ☐   ongeveer de helft tot een etnische minderheid behoort
5 ☐   meer dan de helft tot een etnische minderheid behoort
6 ☐   bijna alleen maar etnische minderheden wonen

VRAAG 265

(v5111)
Op deze lijst staat een aantal buurten omschreven. Stelt u zich voor dat u kiest waar u gaat wonen. In
welke buurt zou u persoonlijk het liefste willen wonen?
Enq.: wijs respondent op lijst 2.

Lijst 2

In welke buurt zou u persoonlijk het liefste willen wonen? Een buurt waarin...
1 ☐   geen etnische minderheden wonen
2 ☐   nauwelijks etnische minderheden wonen
3 ☐   ongeveer een kwart van de bewoners tot een etnische minderheid behoort
4 ☐   ongeveer de helft tot een etnische minderheid behoort
5 ☐   meer dan de helft tot een etnische minderheid behoort
6 ☐   bijna alleen maar etnische minderheden wonen

(Alleen zichtbaar voor de enquêteur)
8 ☐   het zou niet uitmaken
9 ☐   weet niet

VRAAG 300

Ik zou het nu met u willen hebben over wat u op dit moment als
belangrijk of onbelangrijk ervaart in uw leven.
Daartoe vindt u hier een aantal dingen opgesomd. Wilt u voor
elk ervan aangeven hoe belangrijk u dat vindt?
Enq.: Geef respondent de laptop zodat deze de volgende vragen zelf kan invullen

VRAAG 305

327L2

Lijst 3

1 ❑ (v0107) Getrouwd zijn.
2 ❑ (v0116) Van het leven genieten.
3 ❑ (v0101) Vooruitkomen in je leven.
4 ❑ (v0108) Kinderen hebben en opvoeden.
5 ❑ (v0112) Meewerken aan het verminderen van bestaande inkomensverschillen.
6 ❑ (v0102) Je beroep uitoefenen.
7 ❑ (v0113) Grotere gelijkheid in de maatschappij bevorderen.
8 ❑ (v0117) Plezier maken.
9 ❑ (v0109) Leven voor je gezin.
10 ❑ (v0103) Het financieel goed hebben.
11 ❑ (v0115) Je inzetten voor een samenleving, waarin iedereen kan meebeslissen.
12 ❑ (v0118) Nieuwe dingen beleven.
13 ❑ (v0104) Maatschappelijke zekerheid.
14 ❑ (v0114) Het doorbreken van bestaande machtsverhoudingen.

VRAAG 310

329L1

In hoeverre vindt u het volgende belangrijk?
(v0107) Getrouwd zijn.

1 ❑ heel erg belangrijk
2 ❑ erg belangrijk
3 ❑ belangrijk
4 ❑ daar ben ik onzeker over
5 ❑ onbelangrijk

VRAAG 310

330L1

In hoeverre vindt u het volgende belangrijk?
(v0116) Van het leven genieten.

1 ❑ heel erg belangrijk
2 ❑ erg belangrijk
3 ❑ belangrijk
4 ❑ daar ben ik onzeker over
5 ❑ onbelangrijk

VRAAG 310

331L1

In hoeverre vindt u het volgende belangrijk?
(v0101) Vooruitkomen in je leven.

1 ❑ heel erg belangrijk
2 ❑ erg belangrijk
3 ❑ belangrijk
4 ❑ daar ben ik onzeker over
5 ❑ onbelangrijk

VRAAG 310

In hoeverre vindt u het volgende belangrijk?
(v0108) Kinderen hebben en opvoeden.

1 ☐   heel erg belangrijk
2 ☐   erg belangrijk
3 ☐   belangrijk
4 ☐   daar ben ik onzeker over
5 ☐   onbelangrijk

VRAAG 310

In hoeverre vindt u het volgende belangrijk?
(v0112) Meewerken aan het verminderen van bestaande inkomensverschillen.

1 ☐   heel erg belangrijk
2 ☐   erg belangrijk
3 ☐   belangrijk
4 ☐   daar ben ik onzeker over
5 ☐   onbelangrijk

VRAAG 310

In hoeverre vindt u het volgende belangrijk?
(v0102) Je beroep uitoefenen.

1 ☐   heel erg belangrijk
2 ☐   erg belangrijk
3 ☐   belangrijk
4 ☐   daar ben ik onzeker over
5 ☐   onbelangrijk

VRAAG 310

In hoeverre vindt u het volgende belangrijk?
(v0113) Grotere gelijkheid in de maatschappij bevorderen.

1 ☐   heel erg belangrijk
2 ☐   erg belangrijk
3 ☐   belangrijk
4 ☐   daar ben ik onzeker over
5 ☐   onbelangrijk

VRAAG 310

In hoeverre vindt u het volgende belangrijk?
(v0117) Plezier maken.

1 ☐   heel erg belangrijk
2 ☐   erg belangrijk
3 ☐   belangrijk
4 ☐   daar ben ik onzeker over
5 ☐   onbelangrijk

VRAAG 310

In hoeverre vindt u het volgende belangrijk?
(v0109) Leven voor je gezin.

1 ☐   heel erg belangrijk
2 ☐   erg belangrijk
3 ☐   belangrijk
4 ☐   daar ben ik onzeker over
5 ☐   onbelangrijk

VRAAG 310

In hoeverre vindt u het volgende belangrijk?
(v0103) Het financieel goed hebben.

1 ☐   heel erg belangrijk
2 ☐   erg belangrijk
3 ☐   belangrijk
4 ☐   daar ben ik onzeker over
5 ☐   onbelangrijk

VRAAG 310

In hoeverre vindt u het volgende belangrijk?
(v0115) Je inzetten voor een samenleving, waarin iedereen kan meebeslissen.

1 ☐   heel erg belangrijk
2 ☐   erg belangrijk
3 ☐   belangrijk
4 ☐   daar ben ik onzeker over
5 ☐   onbelangrijk

VRAAG 310

In hoeverre vindt u het volgende belangrijk?
(v0118) Nieuwe dingen beleven.

1 ☐   heel erg belangrijk
2 ☐   erg belangrijk
3 ☐   belangrijk
4 ☐   daar ben ik onzeker over
5 ☐   onbelangrijk

VRAAG 310

In hoeverre vindt u het volgende belangrijk?
(v0104) Maatschappelijke zekerheid.

1 ☐   heel erg belangrijk
2 ☐   erg belangrijk
3 ☐   belangrijk
4 ☐   daar ben ik onzeker over
5 ☐   onbelangrijk

VRAAG 310

In hoeverre vindt u het volgende belangrijk?
(v0114) Het doorbreken van bestaande machtsverhoudingen.

1 ☐ heel erg belangrijk
2 ☐ erg belangrijk
3 ☐ belangrijk
4 ☐ daar ben ik onzeker over
5 ☐ onbelangrijk

PLAY "v3827.wav"
VRAAG 315
Tot zover. U kunt nu de laptop weer aan de enquêteur geven.

VRAAG 317

Stel dat u in uw buurt uw portemonnee met waardevolle spullen kwijt raakt en dat deze gevonden wordt door iemand anders.
Enq.: wijs respondent op kaart 1 (voor de vragen 319 t/m 327)

Kaart 1

VRAAG 319

Denkt u dat u de portemonnee met de waardevolle spullen zou terugkrijgen als deze gevonden wordt door:
(v6033) Een Nederlandse buurtgenoot

1 ☐ zeer waarschijnlijk
2 ☐ waarschijnlijk
3 ☐ onwaarschijnlijk
4 ☐ zeer onwaarschijnlijk

VRAAG 321

Denkt u dat u de portemonnee met de waardevolle spullen zou terugkrijgen als deze gevonden wordt door:
(v6034) Een Marokkaanse buurtgenoot

1 ☐ zeer waarschijnlijk
2 ☐ waarschijnlijk
3 ☐ onwaarschijnlijk
4 ☐ zeer onwaarschijnlijk

VRAAG 323

Denkt u dat u de portemonnee met de waardevolle spullen zou terugkrijgen als deze gevonden wordt door:
(v6035) Een onbekende buurtgenoot
1 ☐ zeer waarschijnlijk
2 ☐ waarschijnlijk
3 ☐ onwaarschijnlijk
4 ☐ zeer onwaarschijnlijk

VRAAG 325

Denkt u dat u de portemonnee met de waardevolle spullen zou terugkrijgen als deze gevonden wordt door:
(v6036) Een onbekende van buiten uw buurt

1 ☐ zeer waarschijnlijk
2 ☐ waarschijnlijk
3 ☐ onwaarschijnlijk
4 ☐ zeer onwaarschijnlijk

VRAAG 327

Denkt u dat u de portemonnee met de waardevolle spullen zou terugkrijgen als deze gevonden wordt door:
(v6037) Een politie-agent

1 ❑   zeer waarschijnlijk
2 ❑   waarschijnlijk
3 ❑   onwaarschijnlijk
4 ❑   zeer onwaarschijnlijk

VRAAG 330

Nu wil ik u enige uitspraken voorleggen die gaan over Nederland en
de Nederlanders, en over hoe u tegen mensen en de samenleving aankijkt.
Kunt u bij elk van deze uitspraken uw mening geven?
Enq.: Geef respondent de laptop zodat deze de volgende vragen zelf kan invullen

VRAAG 335

345L2

Lijst 4

1 ❑   (v0665) Ik ben er trots op een Nederlander te zijn.
2 ❑   (v0657) Wij Nederlanders zijn altijd bereid om de handen uit de mouwen te steken.
3 ❑   (v3112) Ik denk dat de meeste mensen eerlijk en betrouwbaar zijn.
4 ❑   (v0627) Wat we nodig hebben zijn minder wetten en instellingen en meer moedige, onvermoeibare en trouwe leiders waar het volk vertrouwen in kan hebben.
5 ❑   (v0623) Er zijn twee soorten mensen: sterken en zwakken.
6 ❑   (v0658) In het algemeen gesproken is Nederland een beter land dan de meeste andere landen.
7 ❑   (v0663) Iedere Nederlander dient de nodige eerbied in acht te nemen tegenover onze nationale symbolen, zoals de vlag en het volkslied.
8 ❑   (v3113) Als iemand aardig tegen me doet, word ik achterdochtig.
9 ❑   (v0626) Onze sociale problemen zouden grotendeels zijn opgelost, als we ons op de een of andere manier konden ontdoen van immorele en oneerlijke mensen.
10 ❑   (v3114) Ik denk dat de meeste mensen misbruik van je maken als ze daar de kans toe krijgen.

VRAAG 340

347L1

In hoeverre bent u het eens met de uitspaak?
(v0665) Ik ben er trots op een Nederlander te zijn.

1 ❑   helemaal mee eens
2 ❑   mee eens
3 ❑   niet mee eens, niet mee oneens
4 ❑   niet mee eens
5 ❑   helemaal niet mee eens
6 ❑   nooit over nagedacht

VRAAG 340

348L1

In hoeverre bent u het eens met de uitspaak?
(v0657) Wij Nederlanders zijn altijd bereid om de handen uit de mouwen te steken.

1 ❑   helemaal mee eens
2 ❑   mee eens
3 ❑   niet mee eens, niet mee oneens
4 ❑   niet mee eens
5 ❑   helemaal niet mee eens
6 ❑   nooit over nagedacht

VRAAG 340

In hoeverre bent u het eens met de uitspaak?
(v3112) Ik denk dat de meeste mensen eerlijk en betrouwbaar zijn.

1 ☐ helemaal mee eens
2 ☐ mee eens
3 ☐ niet mee eens, niet mee oneens
4 ☐ niet mee eens
5 ☐ helemaal niet mee eens
6 ☐ nooit over nagedacht

VRAAG 340

In hoeverre bent u het eens met de uitspaak?
(v0627) Wat we nodig hebben zijn minder wetten en instellingen en meer moedige, onvermoeibare en trouwe leiders waar het volk vertrouwen in kan hebben.

1 ☐ helemaal mee eens
2 ☐ mee eens
3 ☐ niet mee eens, niet mee oneens
4 ☐ niet mee eens
5 ☐ helemaal niet mee eens
6 ☐ nooit over nagedacht

VRAAG 340

In hoeverre bent u het eens met de uitspaak?
(v0623) Er zijn twee soorten mensen: sterken en zwakken.

1 ☐ helemaal mee eens
2 ☐ mee eens
3 ☐ niet mee eens, niet mee oneens
4 ☐ niet mee eens
5 ☐ helemaal niet mee eens
6 ☐ nooit over nagedacht

VRAAG 340

In hoeverre bent u het eens met de uitspaak?
(v0658) In het algemeen gesproken is Nederland een beter land dan de meeste andere landen.

1 ☐ helemaal mee eens
2 ☐ mee eens
3 ☐ niet mee eens, niet mee oneens
4 ☐ niet mee eens
5 ☐ helemaal niet mee eens
6 ☐ nooit over nagedacht

VRAAG 340

353L1

In hoeverre bent u het eens met de uitspaak?
(v0663) Iedere Nederlander dient de nodige eerbied in acht te nemen tegenover onze nationale symbolen, zoals de vlag en het volkslied.

1 ❑ helemaal mee eens
2 ❑ mee eens
3 ❑ niet mee eens, niet mee oneens
4 ❑ niet mee eens
5 ❑ helemaal niet mee eens
6 ❑ nooit over nagedacht

VRAAG 340

354L1

In hoeverre bent u het eens met de uitspaak?
(v3113) Als iemand aardig tegen me doet, word ik achterdochtig.

1 ❑ helemaal mee eens
2 ❑ mee eens
3 ❑ niet mee eens, niet mee oneens
4 ❑ niet mee eens
5 ❑ helemaal niet mee eens
6 ❑ nooit over nagedacht

VRAAG 340

355L1

In hoeverre bent u het eens met de uitspaak?
(v0626) Onze sociale problemen zouden grotendeels zijn opgelost, als we ons op de een of andere manier konden ontdoen van immorele en oneerlijke mensen.

1 ❑ helemaal mee eens
2 ❑ mee eens
3 ❑ niet mee eens, niet mee oneens
4 ❑ niet mee eens
5 ❑ helemaal niet mee eens
6 ❑ nooit over nagedacht

VRAAG 340

356L1

In hoeverre bent u het eens met de uitspaak?
(v3114) Ik denk dat de meeste mensen misbruik van je maken als ze daar de kans toe krijgen.

1 ❑ helemaal mee eens
2 ❑ mee eens
3 ❑ niet mee eens, niet mee oneens
4 ❑ niet mee eens
5 ❑ helemaal niet mee eens
6 ❑ nooit over nagedacht

PLAY "v3827.wav"
VRAAG 341
Tot zover. U kunt de laptop weer aan de enquêteur terug geven.

VRAAG 400

(v0133)
Dan wil ik u nu een aantal vragen stellen over uw levensbeschouwing en het geloof.
Beschouwt u zichzelf als lid van een kerk of geloofsgemeenschap?

1 ☐ ja
2 ☐ nee
↳ *GA VERDER NAAR VRAAG 420*
8 ☐ geen antwoord
↳ *GA VERDER NAAR VRAAG 420*
9 ☐ weet niet
↳ *GA VERDER NAAR VRAAG 420*

VRAAG 405

(v0134)
Welke kerk of geloofsgemeenschap betreft dat?
Enquêteur: Indien de respondent Christelijk, Gereformeerd of
Nederlands hervormd noemt, doorvragen naar specifieke richting.
Indien respondent Protestantse Kerk in Nederland noemt doorvragen
naar specifieke kerk.
Let op: Indien niet alle codes in beeld: toets 'Page Down' of scroll.

1 ☐ Christelijk (geen verdere details gegeven)
2 ☐ Hersteld Hervormde Kerk (HHK)
3 ☐ Rooms Katholiek
4 ☐ Protestantse Kerk in Nederland (geen verdere details gegeven)
5 ☐ Protestantse Kerk in Nederland (voorheen Nederlands Hervormd)
6 ☐ Protestantse Kerk in Nederland (voorheen Gereformeerd)
7 ☐ Protestantse Kerk in Nederland (voorheen Evangelisch Luthers)
8 ☐ Nederlands Hervormd: midden orthodoxe richting
9 ☐ Nederlands Hervormd: confessionele richting
10 ☐ Nederlands Hervormd: gereformeerde bond
11 ☐ Nederlands Hervormd: vrijzinnige richting
12 ☐ Nederlands Hervormd: overige richting
13 ☐ Nederlands Hervormd: (geen verdere details gegeven)
14 ☐ Gereformeerd: gereformeerde kerken (synodaal)
15 ☐ Gereformeerd: gereformeerde kerken, vrijgemaakt (artikel 31)
16 ☐ Gereformeerd: Nederlands gereformeerde kerken (buiten verband)
17 ☐ Gereformeerd: christelijk gereformeerde kerk
18 ☐ Gereformeerd: gereformeerde gemeenten
19 ☐ Gereformeerd: oud gereformeerde gemeenten
20 ☐ Gereformeerd: overige richting
21 ☐ Gereformeerd: (geen verdere details gegeven)
22 ☐ Oosters Orthodox Christelijke Kerk
23 ☐ Ander christelijk kerkgenootschap
24 ☐ Hindoeïsme
25 ☐ Boeddhisme
26 ☐ Andere oosterse religie
27 ☐ Jodendom
28 ☐ Islam \ Moslim
29 ☐ Humanistisch Verbond
30 ☐ Andere niet-christelijke religie
88 ☐ weet niet

VRAAG 410

(v0136)
Heeft u een speciale taak of functie binnen deze kerk?

1 ☐ ja
2 ☐ nee

VRAAG 415

(v0137)

385L1

Bent u actief lid van groepen of verenigingen in kerkelijk verband?

1 ❑ ja
2 ❑ nee

VRAAG 420

(v0138)

386L1

Beschouwde u zichzelf vroeger als lid van een kerk of geloofsgemeenschap?

1 ❑ ja
2 ❑ nee
     ↳ *GA VERDER NAAR VRAAG 440*

VRAAG 425

INDIEN [Q400 , 1 , 2 & Q420 , 1]
387L2

(v0139)

Welke kerk of geloofsgemeenschap was dat?
Enquêteur: Indien de respondent Christelijk, Gereformeerd of
Nederlands hervormd noemt, doorvragen naar specifieke richting.
Indien respondent Protestantse Kerk in Nederland noemt doorvragen
naar specifieke kerk.
Let op: Indien niet alle codes in beeld: toets 'Page Down' of scroll.

1 ❑ Christelijk (geen verdere details gegeven)
2 ❑ Hersteld Hervormde Kerk (HHK)
3 ❑ Rooms Katholiek
4 ❑ Protestantse Kerk in Nederland (geen verdere details gegeven)
5 ❑ Protestantse Kerk in Nederland (voorheen Nederlands Hervormd)
6 ❑ Protestantse Kerk in Nederland (voorheen Gereformeerd)
7 ❑ Protestantse Kerk in Nederland (voorheen Evangelisch Luthers)
8 ❑ Nederlands Hervormd: midden orthodoxe richting
9 ❑ Nederlands Hervormd: confessionele richting
10 ❑ Nederlands Hervormd: gereformeerde bond
11 ❑ Nederlands Hervormd: vrijzinnige richting
12 ❑ Nederlands Hervormd: overige richting
13 ❑ Nederlands Hervormd: (geen verdere details gegeven)
14 ❑ Gereformeerd: gereformeerde kerken (synodaal)
15 ❑ Gereformeerd: gereformeerde kerken, vrijgemaakt (artikel 31)
16 ❑ Gereformeerd: Nederlands gereformeerde kerken (buiten verband)
17 ❑ Gereformeerd: christelijk gereformeerde kerk
18 ❑ Gereformeerd: gereformeerde gemeenten
19 ❑ Gereformeerd: oud gereformeerde gemeenten
20 ❑ Gereformeerd: overige richting
21 ❑ Gereformeerd: (geen verdere details gegeven)
22 ❑ Oosters Orthodox Christelijke Kerk
23 ❑ Ander christelijk kerkgenootschap
24 ❑ Hindoeïsme
25 ❑ Boeddhisme
26 ❑ Andere oosterse religie
27 ❑ Jodendom
28 ❑ Islam \ Moslim
29 ❑ Humanistisch Verbond
30 ❑ Andere niet-christelijke religie
88 ❑ weet niet

INDIEN [Q400 , 1] GA VERDER NAAR VRAAG 440

VRAAG 430

(v1945)

FORMULIER VRAAG
INDIEN [Q400 , 2 & Q420 , 1]

U heeft zojuist aangegeven dat u zich tegenwoordig niet meer beschouwt

als kerklid, terwijl u zichzelf vroeger wel als lid beschouwde.
Hoe oud was u op het moment dat u zich definitief niet meer als lid van een kerk
beschouwde?
Enquêteur: indien de respondent een jaartal noemt, doorvragen naar de
leeftijd en desnoods samen met de respondent de leeftijd uitrekenen;
indien de respondent het niet weet, een schatting laten maken.

Leeftijd: ..... jaar

VRAAG 440

393L1

(v0143)
Bezoekt u wel eens diensten van een kerk of geloofsgemeenschap?

1 ☐ ja, ongeveer 1 maal per week
2 ☐ ja, ongeveer 1 maal per maand
3 ☐ ja, een of enkele malen per jaar
4 ☐ nee, (praktisch) nooit

VRAAG 445

394L1

(v1948)
En hoe was dat toen u tussen de twaalf en vijftien jaar oud was? Bezocht u
toen wel eens diensten van een kerk of geloofsgemeenschap?

1 ☐ ja, ongeveer 1 maal per week
2 ☐ ja, ongeveer 1 maal per maand
3 ☐ ja, een of enkele malen per jaar
4 ☐ nee, (praktisch) nooit

VRAAG 450

FORMULIER VRAAG
INDIEN [Q440 , 3 , 4 & Q445 , 1 , 2]

(v1949)
U heeft zojuist aangegeven dat u tegenwoordig slechts enkele malen per jaar of (praktisch) nooit naar de kerk
gaat, terwijl u vroeger wel regelmatig ging. Hoe oud was u toen u bent opgehouden met regelmatig naar de kerk te gaan?
Enquêteur: Indien de respondent een jaartal noemt, doorvragen naar de leeftijd en
desnoods samen met de respondent de leeftijd uitrekenen; indien de respondent
het niet weet, een schatting laten maken.

Leeftijd: ..... jaar

INDIEN [Q400 , 1] GA VERDER NAAR VRAAG 451
INDIEN [Q400 , 2 & Q420, 2] GA VERDER NAAR VRAAG 453
INDIEN [Q400 , 2 & Q420, 1] GA VERDER NAAR VRAAG 455

VRAAG 451

INDIEN [Q400 , 1]

U hebt aangegeven dat u zichzelf beschouwt als lid van een kerk of geloofsgemeenschap. Kunt u aangeven
waarom u lid bent?
Enq.: Geef respondent de laptop zodat deze de volgende vragen zelf kan invullen

Lijst 5a

VRAAG 452

INDIEN [Q400 , 1]

Ik ben lid van een kerk want:
(v6004) De kerk biedt hulp als je in de problemen komt

1 ☐ zeer mee eens
2 ☐ mee eens
3 ☐ niet mee eens / niet mee oneens
4 ☐ niet mee eens
5 ☐ helemaal niet mee eens
6 ☐ nog nooit over nagedacht

VRAAG 452

INDIEN [Q400 , 1]

Ik ben lid van een kerk want:
(v6005) Ik ben religieus opgevoed

- 1 ❑ zeer mee eens
- 2 ❑ mee eens
- 3 ❑ niet mee eens / niet mee oneens
- 4 ❑ niet mee eens
- 5 ❑ helemaal niet mee eens
- 6 ❑ nog nooit over nagedacht

VRAAG 452

INDIEN [Q400 , 1]

Ik ben lid van een kerk want:
(v6006) De kerk en haar standpunten passen nog steeds goed in deze tijd

- 1 ❑ zeer mee eens
- 2 ❑ mee eens
- 3 ❑ niet mee eens / niet mee oneens
- 4 ❑ niet mee eens
- 5 ❑ helemaal niet mee eens
- 6 ❑ nog nooit over nagedacht

VRAAG 452

INDIEN [Q400 , 1]

Ik ben lid van een kerk want:
(v6007) Mijn kerk verkondigt het enige ware geloof

- 1 ❑ zeer mee eens
- 2 ❑ mee eens
- 3 ❑ niet mee eens / niet mee oneens
- 4 ❑ niet mee eens
- 5 ❑ helemaal niet mee eens
- 6 ❑ nog nooit over nagedacht

VRAAG 452

INDIEN [Q400 , 1]

Ik ben lid van een kerk want:
(v6008) Mijn kerk komt het beste aan mijn religieuze behoeften tegemoet

- 1 ❑ zeer mee eens
- 2 ❑ mee eens
- 3 ❑ niet mee eens / niet mee oneens
- 4 ❑ niet mee eens
- 5 ❑ helemaal niet mee eens
- 6 ❑ nog nooit over nagedacht

VRAAG 452

INDIEN [Q400 , 1]

Ik ben lid van een kerk want:
(v6009) Er zijn veel mensen kerklid waar ik woon

- 1 ❑ zeer mee eens
- 2 ❑ mee eens
- 3 ❑ niet mee eens / niet mee oneens
- 4 ❑ niet mee eens
- 5 ❑ helemaal niet mee eens
- 6 ❑ nog nooit over nagedacht

VRAAG 452

INDIEN [Q400 , 1]

Ik ben lid van een kerk want:
(v6010) Ik voel mij thuis bij deze kerk, ondanks de kerkelijke schandalen

1 ❑   zeer mee eens
2 ❑   mee eens
3 ❑   niet mee eens / niet mee oneens
4 ❑   niet mee eens
5 ❑   helemaal niet mee eens
6 ❑   nog nooit over nagedacht

VRAAG 452

INDIEN [Q400 , 1]

Ik ben lid van een kerk want:
(v6054) De kerk geeft een antwoord op het onrecht in de wereld

1 ❑   zeer mee eens
2 ❑   mee eens
3 ❑   niet mee eens / niet mee oneens
4 ❑   niet mee eens
5 ❑   helemaal niet mee eens
6 ❑   nog nooit over nagedacht

*PLAY "v3827.wav"
VRAAG 452

Tot zover. U kunt de laptop weer aan de enquêteur terug geven.

INDIEN [Q400 , 1] GA VERDER NAAR Q457

VRAAG 453

INDIEN [Q400 ,2 & Q420, 2]

U hebt aangegeven dat u zichzelf nooit hebt beschouwd als lid van een kerk of geloofsgemeenschap. Kunt u aangeven waarom u geen lid bent?
Enq.: Geef respondent de laptop zodat deze de volgende vragen zelf kan invullen

Lijst 5b

VRAAG 454

INDIEN [Q400 ,2 & Q420, 2]

Ik ben geen kerklid want:
(v6011) De kerk kan geen hulp bieden als je in de problemen komt

1 ❑   zeer mee eens
2 ❑   mee eens
3 ❑   niet mee eens / niet mee oneens
4 ❑   niet mee eens
5 ❑   helemaal niet mee eens
6 ❑   nog nooit over nagedacht

VRAAG 454

INDIEN [Q400 ,2 & Q420, 2]

Ik ben geen kerklid want:
(v6012) Ik heb geen religieuze opvoeding gehad

1 ❑   zeer mee eens
2 ❑   mee eens
3 ❑   niet mee eens / niet mee oneens
4 ❑   niet mee eens
5 ❑   helemaal niet mee eens
6 ❑   nog nooit over nagedacht

VRAAG 454

INDIEN [Q400 ,2 & Q420, 2]

Ik ben geen kerklid want:
(v6013) De kerk en de standpunten passen niet in deze huidige tijd

1 ❑ zeer mee eens
2 ❑ mee eens
3 ❑ niet mee eens / niet mee oneens
4 ❑ niet mee eens
5 ❑ helemaal niet mee eens
6 ❑ nog nooit over nagedacht

VRAAG 454

INDIEN [Q400 ,2 & Q420, 2]

Ik ben geen kerklid want:
(v6014) Er zijn veel kerken en allemaal zeggen ze het enige ware geloof te verkondigen

1 ❑ zeer mee eens
2 ❑ mee eens
3 ❑ niet mee eens / niet mee oneens
4 ❑ niet mee eens
5 ❑ helemaal niet mee eens
6 ❑ nog nooit over nagedacht

VRAAG 454

INDIEN [Q400 ,2 & Q420, 2]

Ik ben geen kerklid want:
(v6015) De huidige kerken komen niet aan mijn levensbeschouwelijke behoeften tegemoet

1 ❑ zeer mee eens
2 ❑ mee eens
3 ❑ niet mee eens / niet mee oneens
4 ❑ niet mee eens
5 ❑ helemaal niet mee eens
6 ❑ nog nooit over nagedacht

VRAAG 454

INDIEN [Q400 ,2 & Q420, 2]

Ik ben geen kerklid want:
(v6016) Er zijn veel onkerkelijke mensen in mijn omgeving

1 ❑ zeer mee eens
2 ❑ mee eens
3 ❑ niet mee eens / niet mee oneens
4 ❑ niet mee eens
5 ❑ helemaal niet mee eens
6 ❑ nog nooit over nagedacht

VRAAG 454

INDIEN [Q400 ,2 & Q420, 2]

Ik ben geen kerklid want:
(v6017) Er zijn veel kerkelijke schandalen geweest

1 ❑ zeer mee eens
2 ❑ mee eens
3 ❑ niet mee eens / niet mee oneens
4 ❑ niet mee eens
5 ❑ helemaal niet mee eens
6 ❑ nog nooit over nagedacht

VRAAG 454

INDIEN [Q400 ,2 & Q420, 2]

Ik ben geen kerklid want:
(v6055) Er is veel onrecht in de wereld waar de kerk geen antwoord op heeft

1 ❑ zeer mee eens
2 ❑ mee eens
3 ❑ niet mee eens / niet mee oneens
4 ❑ niet mee eens
5 ❑ helemaal niet mee eens
6 ❑ nog nooit over nagedacht

*PLAY "v3827.wav"

VRAAG 454

Tot zover. U kunt de laptop weer aan de enquêteur terug geven.

INDIEN [Q400 , 2 & Q420,2] GA VERDER NAAR Q457

VRAAG 455

INDIEN [Q400 , 2 & Q420 , 1]

U hebt zojuist aangegeven dat u zichzelf niet langer beschouwt als lid van een kerk of geloofsgemeenschap. Kunt u aangeven waarom u de kerk/geloofsgemeenschap verlaten hebt?
Enq.: Geef respondent de laptop zodat deze de volgende vragen zelf kan invullen

Lijst 5c

VRAAG 456

INDIEN [Q400 , 2 & Q420 , 1]

Ik heb de kerk verlaten want:
(v6018) De kerk kan geen hulp bieden als je in de problemen komt

1 ❑ zeer mee eens
2 ❑ mee eens
3 ❑ niet mee eens / niet mee oneens
4 ❑ niet mee eens
5 ❑ helemaal niet mee eens
6 ❑ nog nooit over nagedacht

VRAAG 456

INDIEN [Q400 , 2 & Q420 , 1]

Ik heb de kerk verlaten want:
(v6019) Ik ben te streng religieus opgevoed
1 ❑ zeer mee eens
2 ❑ mee eens
3 ❑ niet mee eens / niet mee oneens
4 ❑ niet mee eens
5 ❑ helemaal niet mee eens
6 ❑ nog nooit over nagedacht

VRAAG 456

INDIEN [Q400 , 2 & Q420 , 1]

Ik heb de kerk verlaten want:
(v6020) Mijn (vroegere) partner had de kerk al verlaten

1 ❑ zeer mee eens
2 ❑ mee eens
3 ❑ niet mee eens / niet mee oneens
4 ❑ niet mee eens
5 ❑ helemaal niet mee eens
6 ❑ nog nooit over nagedacht

VRAAG 456

INDIEN [Q400 , 2 & Q420 , 1]

Ik heb de kerk verlaten want:
(v6021) De kerk en de standpunten passen niet in deze huidige tijd

132

1 ❑   zeer mee eens
2 ❑   mee eens
3 ❑   niet mee eens / niet mee oneens
4 ❑   niet mee eens
5 ❑   helemaal niet mee eens
6 ❑   nog nooit over nagedacht

VRAAG 456

INDIEN [Q400 , 2 & Q420 , 1]

Ik heb de kerk verlaten want:
(v6022) Er zijn veel kerken en allemaal zeggen ze het enige ware geloof te verkondigen

1 ❑   zeer mee eens
2 ❑   mee eens
3 ❑   niet mee eens / niet mee oneens
4 ❑   niet mee eens
5 ❑   helemaal niet mee eens
6 ❑   nog nooit over nagedacht

VRAAG 456

INDIEN [Q400 , 2 & Q420 , 1]

Ik heb de kerk verlaten want:
(v6023) De huidige kerken komen niet aan mijn levensbeschouwelijke behoeften tegemoet

1 ❑   zeer mee eens
2 ❑   mee eens
3 ❑   niet mee eens / niet mee oneens
4 ❑   niet mee eens
5 ❑   helemaal niet mee eens
6 ❑   nog nooit over nagedacht

VRAAG 456

INDIEN [Q400 , 2 & Q420 , 1]

Ik heb de kerk verlaten want:
(v6024) Er zijn vele onkerkelijke mensen in mijn omgeving

1 ❑   zeer mee eens
2 ❑   mee eens
3 ❑   niet mee eens / niet mee oneens
4 ❑   niet mee eens
5 ❑   helemaal niet mee eens
6 ❑   nog nooit over nagedacht

VRAAG 456

INDIEN [Q400 , 2 & Q420 , 1]

Ik heb de kerk verlaten want:
(v6025) Er zijn veel kerkelijke schandalen geweest

1 ❑   zeer mee eens
2 ❑   mee eens
3 ❑   niet mee eens / niet mee oneens
4 ❑   niet mee eens
5 ❑   helemaal niet mee eens
6 ❑   nog nooit over nagedacht

VRAAG 456

INDIEN [Q400 , 2 & Q420 , 1]

Ik heb de kerk verlaten want:
(v6056) Er is veel onrecht in de wereld waar de kerk geen antwoord op heeft

133

1	❑	zeer mee eens
2	❑	mee eens
3	❑	niet mee eens / niet mee oneens
4	❑	niet mee eens
5	❑	helemaal niet mee eens
6	❑	nog nooit over nagedacht

*PLAY "v3827.wav"

VRAAG 456

Tot zover. U kunt de laptop weer aan de enquêteur terug geven.

INDIEN [Q400 , 2 & Q420, 1] GA VERDER NAAR Q457

VRAAG 457

397L1

(v0144)
Volgt u wel eens diensten van een kerk of geloofsgemeenschap op de radio of tv?

1	❑	ja, vaak
2	❑	ja, soms
3	❑	nee, zelden of nooit

VRAAG 460

398L1

(v1952)
Beschouwde uw vader zich als lid van een kerk of geloofsgemeenschap
toen U ZELF tussen de twaalf en vijftien jaar oud was?

1	❑	ja
2	❑	nee
	⮧	*GA VERDER NAAR VRAAG 472*
3	❑	geen antwoord
	⮧	*GA VERDER NAAR VRAAG 472*
4	❑	weet niet
	⮧	*GA VERDER NAAR VRAAG 472*
9	❑	niet van toepassing (overleden, afwezig)
	⮧	*GA VERDER NAAR VRAAG 472*

INDIEN [Q460, 1] GA VERDER NAAR Q465
INDIEN [Q460, 2/3/4/9] GA VERDER NAAR Q472

VRAAG 465

(v1953)
Welke kerk of geloofsgemeenschap is of was dat?
Enquêteur: Indien de respondent Christelijk, Gereformeerd of
Nederlands hervormd noemt, doorvragen naar specifieke richting.
Indien respondent Protestantse Kerk in Nederland noemt doorvragen
naar specifieke kerk.
Let op: Indien niet alle codes in beeld: toets 'Page Down' of scroll.

1 ☐ Christelijk (geen verdere details gegeven)
2 ☐ Hersteld Hervormde Kerk (HHK)
3 ☐ Rooms Katholiek
4 ☐ Protestantse Kerk in Nederland (geen verdere details gegeven)
5 ☐ Protestantse Kerk in Nederland (voorheen Nederlands Hervormd)
6 ☐ Protestantse Kerk in Nederland (voorheen Gereformeerd)
7 ☐ Protestantse Kerk in Nederland (voorheen Evangelisch Luthers)
8 ☐ Nederlands Hervormd: midden orthodoxe richting
9 ☐ Nederlands Hervormd: confessionele richting
10 ☐ Nederlands Hervormd: gereformeerde bond
11 ☐ Nederlands Hervormd: vrijzinnige richting
12 ☐ Nederlands Hervormd: overige richting
13 ☐ Nederlands Hervormd: (geen verdere details gegeven)
14 ☐ Gereformeerd: gereformeerde kerken (synodaal)
15 ☐ Gereformeerd: gereformeerde kerken, vrijgemaakt (artikel 31)
16 ☐ Gereformeerd: Nederlands gereformeerde kerken (buiten verband)
17 ☐ Gereformeerd: christelijk gereformeerde kerk
18 ☐ Gereformeerd: gereformeerde gemeenten
19 ☐ Gereformeerd: oud gereformeerde gemeenten
20 ☐ Gereformeerd: overige richting
21 ☐ Gereformeerd: (geen verdere details gegeven)
22 ☐ Oosters Orthodox Christelijke Kerk
23 ☐ Ander christelijk kerkgenootschap
24 ☐ Hindoeïsme
25 ☐ Boeddhisme
26 ☐ Andere oosterse religie
27 ☐ Jodendom
28 ☐ Islam \ Moslim
29 ☐ Humanistisch Verbond
30 ☐ Andere niet-christelijke religie
88 ☐ *weet niet*

VRAAG 472

402L1

(v1956)
Beschouwde uw moeder zich als lid van een kerk of geloofsgemeenschap
toen U ZELF tussen de twaalf en vijftien jaar oud was?

1 ☐ ja
2 ☐ nee
 ↳ *GA VERDER NAAR VRAAG 485*
3 ☐ geen antwoord
 ↳ *GA VERDER NAAR VRAAG 485*
4 ☐ weet niet
 ↳ *GA VERDER NAAR VRAAG 485*
9 ☐ niet van toepassing (overleden, afwezig)
 ↳ *GA VERDER NAAR VRAAG 485*

INDIEN [Q472, 1] GA VERDER NAAR Q474
INDIEN [Q460, 2/3/4/9] GA VERDER NAAR Q485

VRAAG 474

(v1957)
Welke kerk of geloofsgemeenschap is of was dat?

135

Enquêteur: Indien de respondent Christelijk, Gereformeerd of
Nederlands hervormd noemt, doorvragen naar specifieke richting.
Indien respondent Protestantse Kerk in Nederland noemt doorvragen
naar specifieke kerk.
Let op: Indien niet alle codes in beeld: toets 'Page Down' of scroll.

1 ☐ Christelijk (geen verdere details gegeven)
2 ☐ Hersteld Hervormde Kerk (HHK)
3 ☐ Rooms Katholiek
4 ☐ Protestantse Kerk in Nederland (geen verdere details gegeven)
5 ☐ Protestantse Kerk in Nederland (voorheen Nederlands Hervormd)
6 ☐ Protestantse Kerk in Nederland (voorheen Gereformeerd)
7 ☐ Protestantse Kerk in Nederland (voorheen Evangelisch Luthers)
8 ☐ Nederlands Hervormd: midden orthodoxe richting
9 ☐ Nederlands Hervormd: confessionele richting
10 ☐ Nederlands Hervormd: gereformeerde bond
11 ☐ Nederlands Hervormd: vrijzinnige richting
12 ☐ Nederlands Hervormd: overige richting
13 ☐ Nederlands Hervormd: (geen verdere details gegeven)
14 ☐ Gereformeerd: gereformeerde kerken (synodaal)
15 ☐ Gereformeerd: gereformeerde kerken, vrijgemaakt (artikel 31)
16 ☐ Gereformeerd: Nederlands gereformeerde kerken (buiten verband)
17 ☐ Gereformeerd: christelijk gereformeerde kerk
18 ☐ Gereformeerd: gereformeerde gemeenten
19 ☐ Gereformeerd: oud gereformeerde gemeenten
20 ☐ Gereformeerd: overige richting
21 ☐ Gereformeerd: (geen verdere details gegeven)
22 ☐ Oosters Orthodox Christelijke Kerk
23 ☐ Ander christelijk kerkgenootschap
24 ☐ Hindoeïsme
25 ☐ Boeddhisme
26 ☐ Andere oosterse religie
27 ☐ Jodendom
28 ☐ Islam \ Moslim
29 ☐ Humanistisch Verbond
30 ☐ Andere niet-christelijke religie
88 ☐ weet niet

VRAAG 485

406L1

(v1362)
Bent u thuis godsdienstig opgevoed?

1 ☐ ja
2 ☐ nee
3 ☐ enigszins

VRAAG 488

413L1

(v3050)
Bidt u wel eens? Zo ja, hoe vaak?

1 ☐ ja, vaak
2 ☐ ja, regelmatig
3 ☐ soms
4 ☐ nooit

VRAAG 490

Dan zou ik het nu met u willen hebben over de vraag, of er buiten deze
wereld nog een God of een hogere werkelijkheid bestaat. U krijgt een
aantal uitspraken over dit onderwerp voorgelegd. Mag ik u vragen hoe u
hierover denkt?
Enq.: Geef respondent de laptop zodat deze de volgende vragen zelf
kan invullen

VRAAG 492

414L2

Lijst 6

1 ☐ (v0149) Er bestaat een God die zich met ieder mens persoonlijk bezig houdt.
2 ☐ (v0158) God is voor mij niets anders dan het waardevolle in de mens.
3 ☐ (v0164) Ons leven wordt uiteindelijk bepaald door de wetten der natuur.
4 ☐ (v0165) Het leven is slechts een evolutieproces.
5 ☐ (v0150) Er is een God, die God voor ons wil zijn.
6 ☐ (v0159) God is niet daarboven, maar alleen in de harten van de mensen.
7 ☐ (v0156) Ik geloof in het bestaan van een opperwezen.
8 ☐ (v0155) Er bestaat zoiets als een hogere macht die het leven beheerst.

VRAAG 494

416L1

Wat vindt u van de uitspraak:
(v0149) Er bestaat een God die zich met ieder mens persoonlijk bezig houdt.

1 ☐ helemaal van overtuigd
2 ☐ van overtuigd
3 ☐ onzeker over
4 ☐ niet van overtuigd
5 ☐ helemaal niet van overtuigd
6 ☐ nog nooit over nagedacht

VRAAG 494

417L1

Wat vindt u van de uitspraak:
(v0158) God is voor mij niets anders dan het waardevolle in de mens.

1 ☐ helemaal van overtuigd
2 ☐ van overtuigd
3 ☐ onzeker over
4 ☐ niet van overtuigd
5 ☐ helemaal niet van overtuigd
6 ☐ nog nooit over nagedacht

VRAAG 494

419L1

Wat vindt u van de uitspraak:
(v0164) Ons leven wordt uiteindelijk bepaald door de wetten der natuur.

1 ☐ helemaal van overtuigd
2 ☐ van overtuigd
3 ☐ onzeker over
4 ☐ niet van overtuigd
5 ☐ helemaal niet van overtuigd
6 ☐ nog nooit over nagedacht

VRAAG 494

424L1

Wat vindt u van de uitspraak:
(v0165) Het leven is slechts een evolutieproces.

1 ☐ helemaal van overtuigd
2 ☐ van overtuigd
3 ☐ onzeker over
4 ☐ niet van overtuigd
5 ☐ helemaal niet van overtuigd
6 ☐ nog nooit over nagedacht

VRAAG 494

425L1

Wat vindt u van de uitspraak:
(v0150) Er is een God, die God voor ons wil zijn.

1 ☐ helemaal van overtuigd
2 ☐ van overtuigd
3 ☐ onzeker over
4 ☐ niet van overtuigd
5 ☐ helemaal niet van overtuigd
6 ☐ nog nooit over nagedacht

VRAAG 494

427L1

Wat vindt u van de uitspraak:
(v0159) God is niet daarboven, maar alleen in de harten van de mensen.

1 ☐ helemaal van overtuigd
2 ☐ van overtuigd
3 ☐ onzeker over
4 ☐ niet van overtuigd
5 ☐ helemaal niet van overtuigd
6 ☐ nog nooit over nagedacht

VRAAG 494

430L1

Wat vindt u van de uitspraak:
(v0156) Ik geloof in het bestaan van een opperwezen.

1 ☐ helemaal van overtuigd
2 ☐ van overtuigd
3 ☐ onzeker over
4 ☐ niet van overtuigd
5 ☐ helemaal niet van overtuigd
6 ☐ nog nooit over nagedacht

VRAAG 494

432L1

Wat vindt u van de uitspraak:
(v0155) Er bestaat zoiets als een hogere macht die het leven beheerst.

1 ☐ helemaal van overtuigd
2 ☐ van overtuigd
3 ☐ onzeker over
4 ☐ niet van overtuigd
5 ☐ helemaal niet van overtuigd
6 ☐ nog nooit over nagedacht

VRAAG 500

(v0715)
Dan volgen nu enkele vragen over de politiek.
Van politieke opvattingen wordt vaak gezegd, dat zij links of rechts zijn.
Hier ziet u een balk die loopt van links naar rechts.
Wanneer u denkt aan uw eigen politieke opvattingen, in welk vakje zou u
zichzelf dan plaatsen?

Lijst 7

links	0	1	2	3	4	5	6	7	8	9	10	rechts

*PLAY "v3827.wav"
VRAAG 505
Tot zover. U kunt nu de laptop weer aan de enquêteur terug geven.

VRAAG 510

440L1

(v0718)
Sommige mensen volgen regelmatig wat er gaande is bij de regering
en in de politiek, terwijl anderen daar niet zo in geïnteresseerd zijn.
Hoe is dat met u? Bent u zeer geïnteresseerd in de politiek, matig,
weinig of helemaal niet?

1 ❑ zeer geïnteresseerd
2 ❑ matig geïnteresseerd
3 ❑ weinig geïnteresseerd
4 ❑ niet geïnteresseerd

VRAAG 515

441L2

(v0080)
Op welke landelijke politieke partij zou u stemmen als er vandaag Tweede Kamer
verkiezingen werden gehouden?

1 ❑ VVD: Volkspartij voor Vrijheid en Democratie
2 ❑ PvdA: Partij van de Arbeid
3 ❑ PVV: Partij voor de Vrijheid
4 ❑ CDA: Christen Democratisch Appèl
5 ❑ SP: Socialistische Partij
6 ❑ D'66: Democraten'66
7 ❑ GroenLinks
8 ❑ CU: Christen Unie
9 ❑ SGP: Staatkundig Gereformeerde Partij
10 ❑ PvdD: Partij voor de Dieren
11 ❑ andere partij
12 ❑ (wil niet zeggen welke partij)
13 ❑ weet niet
14 ❑ (gaat niet stemmen)

VRAAG 520

443L1

(v0082)
Bent u lid van een politieke partij?

1 ❑ ja
2 ❑ nee

VRAAG 600

484L1

(v0036)
De volgende vragen gaan over uw leefsituatie.
Heeft u een partner? Hier wordt bedoeld een man of een vrouw met wie u
getrouwd bent of samenwoont.

1 ❑ heeft partner
   ↳ *GA VERDER NAAR VRAAG 606*
2 ❑ heeft geen partner

VRAAG 605

485L1

(v3000)
Heeft u op dit moment een vaste relatie met iemand waarmee u niet samenwoont?

1 ❑ heeft vaste relatie
2 ❑ heeft geen vaste relatie
   ↳ *GA VERDER NAAR VRAAG 615*

VRAAG 606

(v3001)
Is uw partner een man of een vrouw?

1 ❏   man
2 ❏   vrouw

VRAAG 610

(v1906)
In welk jaar is uw partner geboren?

Jaartal: ……

VRAAG 615

490L1

(v0037)
Wat is uw burgerlijke staat?

1 ❏   ongehuwd EN nooit gehuwd geweest
   ↳   *GA VERDER NAAR VRAAG 625*
2 ❏   gehuwd voor de eerste keer
   ↳   *GA VERDER NAAR VRAAG 625*
3 ❏   gescheiden
   ↳   *GA VERDER NAAR VRAAG 625*
4 ❏   hertrouwd
5 ❏   weduwe \ weduwnaar
8 ❏   geen antwoord
9 ❏   weet niet

VRAAG 620

491L1

(v1907)
Bent u ooit gescheiden?

1 ❏   ja
2 ❏   nee

VRAAG 625

Heeft u kinderen? Zo ja, hoeveel?

Aantal kinderen: ……

INDIEN [Q625 = 0] GA VERDER NAAR VRAAG 650

VRAAG 630

Hoeveel van uw kinderen wonen nog bij u thuis?

Aantal thuiswonende kinderen: ……

VRAAG 635

496L1

(v5001)
Heeft u kinderen die naar een basisschool of middelbare school gaan?

1 ❏   ja, basisschool
2 ❏   ja, middelbare school
3 ❏   ja, zowel basisschool als middelbare school
4 ❏   nee

Q650 T/M 695 ALLEEN STELLEN INDIEN [Q600 = 1 OF Q605 =1]
INDIEN [Q600 , 2 & Q605, 2] GA VERDER NAAR VRAAG 700

VRAAG 650

INDIEN [Q600 , 1 OF Q605 , 1]
498L1

(v1358)
Beschouwt uw partner zich als lid van een kerk of geloofsgemeenschap?

    1 ❏   ja
    2 ❏   nee
    ↳   *GA VERDER NAAR VRAAG 660*
    8 ❏   geen antwoord
    ↳   *GA VERDER NAAR VRAAG 660*
    9 ❏   weet niet
    ↳   *GA VERDER NAAR VRAAG 660*

VRAAG 655

499L2

(v1359)
Welke kerk of geloofsgemeenschap is dat?
Enquêteur: Indien de respondent Christelijk, Gereformeerd of
Nederlands hervormd noemt, doorvragen naar specifieke richting.
Indien respondent Protestantse Kerk in Nederland noemt doorvragen
naar specifieke kerk.
Let op: Indien niet alle codes in beeld: toets 'Page Down' of scroll.

    1 ❏   Christelijk (geen verdere details gegeven)
    2 ❏   Hersteld Hervormde Kerk (HHK)
    3 ❏   Rooms Katholiek
    4 ❏   Protestantse Kerk in Nederland (geen verdere details gegeven)
    5 ❏   Protestantse Kerk in Nederland (voorheen Nederlands Hervormd)
    6 ❏   Protestantse Kerk in Nederland (voorheen Gereformeerd)
    7 ❏   Protestantse Kerk in Nederland (voorheen Evangelisch Luthers)
    8 ❏   Nederlands Hervormd: midden orthodoxe richting
    9 ❏   Nederlands Hervormd: confessionele richting
    10 ❏   Nederlands Hervormd: gereformeerde bond
    11 ❏   Nederlands Hervormd: vrijzinnige richting
    12 ❏   Nederlands Hervormd: overige richting
    13 ❏   Nederlands Hervormd: (geen verdere details gegeven)
    14 ❏   Gereformeerd: gereformeerde kerken (synodaal)
    15 ❏   Gereformeerd: gereformeerde kerken, vrijgemaakt (artikel 31)
    16 ❏   Gereformeerd: Nederlands gereformeerde kerken (buiten verband)
    17 ❏   Gereformeerd: christelijk gereformeerde kerk
    18 ❏   Gereformeerd: gereformeerde gemeenten
    19 ❏   Gereformeerd: oud gereformeerde gemeenten
    20 ❏   Gereformeerd: overige richting
    21 ❏   Gereformeerd: (geen verdere details gegeven)
    22 ❏   Oosters Orthodox Christelijke Kerk
    23 ❏   Ander christelijk kerkgenootschap
    24 ❏   Hindoeïsme
    25 ❏   Boeddhisme
    26 ❏   Andere oosterse religie
    27 ❏   Jodendom
    28 ❏   Islam \ Moslim
    29 ❏   Humanistisch Verbond
    30 ❏   Andere niet-christelijke religie
    88 ❏   weet niet

VRAAG 660

(v1942)

Wat is de HOOGSTE schoolopleiding die uw partner heeft VOLTOOID?

1 ☐ geen schoolopleiding voltooid na de lagere school
2 ☐ Lager beroepsonderwijs, lagere technische school, nijverheidsonderwijs, huishoudschool, VMBO basisberoepsgerichte of kaderberoepsgerichte leerweg
3 ☐ MULO, ULO, MAVO, VMBO theoretische of gemengde leerweg
4 ☐ KMBO, VHBO
5 ☐ Middelbaar beroepsonderwijs, MBO beroepsopleidende leerweg
6 ☐ MBO-plus voor toegang tot het HBO, korte HBO-opleiding (korter dan 2 jaar)
7 ☐ MMS, HAVO,
8 ☐ HBS, VWO, gymnasium, atheneum,
9 ☐ Hoger beroepsonderwijs, kweekschool, conservatorium, MO-acten, nieuwe stijl hoge scholen,
10 ☐ Wetenschappelijk onderwijs, universiteit, technische - economische hogeschool oude stijl.
11 ☐ Postdoctorale opleiding (leraren- en beroepsopleidingen zoals medici, apotheker)
12 ☐ Aio\Oio of andere promotieopleiding tot graad van doctor
13 ☐ Anders
97 ☐ weet niet

VRAAG 670

(v1247)

Heeft uw partner nu betaald werk? Ook hier gaat het om een min of
meer vaste baan, waarvoor uw partner geregeld salaris krijgt en
waarover loonbelasting en premies betaald wordt. Als uw partner volledig
dagonderwijs volgt, dient deze vraag met 'nee' beantwoord te worden.

1 ☐ ja
   ↳ *GA VERDER NAAR VRAAG 685*
2 ☐ nee

VRAAG 675

(v1248)

Wat is op dit moment uw partners voornaamste bezigheid?

1 ☐ is gepensioneerd (functioneel leeftijdsontslag, VUT, rentenierend)
2 ☐ volgt volledig dagonderwijs (scholier, student)
3 ☐ krijgt WAO, is invalide
4 ☐ heeft gewerkt, maar is nu werkloos en zoekt opnieuw werk
   ↳ *GA VERDER NAAR VRAAG 685*
5 ☐ heeft geen werk gehad en zoekt voor het eerst werk
   ↳ *GA VERDER NAAR VRAAG 700*
6 ☐ werkt in eigen huishouding
7 ☐ hoofdzakelijk vrijwilligerswerk
8 ☐ doet wat anders

VRAAG 680

(v1249)

Heeft hij/zij al eens betaald werk gehad?

1 ☐ ja
2 ☐ nee
   ↳ *GA VERDER NAAR VRAAG 700*

INDIEN [Q670 , 1] PLAATS IN txt[1] "gaat" PLAATS IN txt[2] "uitoefent"
INDIEN [Q670 , 2 & (Q680 , 1 \ Q675 , 4)] PLAATS IN txt[1] "ging" PLAATS IN txt[2] "uitoefende" PLAATS IN txt[3] "Enquêteur: indien de partner van
de respondent nu geen baan heeft, maar in het verleden wel werk heeft gehad,
hebben deze vragen betrekking op de laatste baan. De respondent dient hier zo nauwkeurig mogelijk aan te
geven, wat de naam van het beroep of de functie is."

VRAAG 685   **FORMULIER VRAAG**

Om wat voor werk <?> het precies? Wilt u zo nauwkeurig mogelijk opgeven welk beroep of welke functie hij \ zij <?>?
<?>

VRAAG 687   **FORMULIER VRAAG**

Kunt u dit verder verduidelijken door zijn \ haar voornaamste werkzaamheden op te noemen?

INDIEN [Q670 , 1] PLAATS IN txt[1] "werkt" PLAATS IN txt[2] "werkt" PLAATS IN txt[3] "Geeft"
INDIEN [Q670 , 2 & (Q680 , 1 \ Q675 , 4)] PLAATS IN txt[1] "werkte" PLAATS IN txt[2] "werkte" PLAATS IN txt[3] "Gaf"

VRAAG 689   **FORMULIER VRAAG**

In wat voor soort bedrijf of instelling <?> hij \ zij?

VRAAG 691   **FORMULIER VRAAG**

Hoeveel uur <?> hij \ zij gewoonlijk per week?
Enquêteur: bedoeld wordt hoeveel uur de partner van de respondent feitelijk <?>.
Gebruik de button bij 'weet niet'

VRAAG 693

630L1

(v1253)
<?> hij \ zij:
Enquêteur: lees voor

1	❑	in loondienst bij overheidsinstelling
2	❑	in loondienst bij particulier bedrijf
3	❑	als zelfstandige
4	❑	in een gezinsbedrijf (meewerkend gezinslid)
8	❑	geen antwoord
9	❑	weet niet

VRAAG 695

631L1

(v1254)
<?> hij \ zij bij het werk leiding aan andere mensen?
Zo ja, aan hoeveel mensen?

1	❑	nee
2	❑	ja, aan minder dan 5 mensen
3	❑	ja, aan 5 tot en met 9 mensen
4	❑	ja, aan 10 tot en met 19 mensen
5	❑	ja, aan 20 tot en met 49 mensen
6	❑	ja, aan 50 of meer mensen
8	❑	geen antwoord
9	❑	weet niet

VRAAG 700

(v1262)
Zoals u weet worden mensen vaak ingedeeld in de arbeidersklasse, de
lagere middenklasse, de hogere middenklasse en de hogere klasse.
Zou u mij kunnen zeggen tot welke groepering u zich rekent?
Enq.: wijs respondent op kaart 2 (zonder 8 en 9).

Kaart 2

1	❑	de arbeidersklasse
2	❑	de lagere middenklasse
3	❑	de hogere middenklasse
4	❑	de hogere klasse
8	❑	(geen antwoord)
9	❑	(weet niet)

VRAAG 705

(v1687)
Dan wil ik nu iets vragen over uw inkomen. Wij zouden het op prijs stellen
als u zou willen aangeven wat ongeveer het NETTO inkomen is van het HUISHOUDEN
waartoe u behoort, zonder allerlei toeslagen. Wij zijn niet geïnteresseerd in
uw exacte huishoudinkomen, maar willen slechts een grove indruk krijgen.
Natuurlijk zullen deze gegevens door ons strikt vertrouwelijk worden behandeld.
Enq.: wijs respondent op kaart 3 (zonder 97 en 99).
Op deze kaart staan mogelijke NETTO HUISHOUDINKOMENS PER MAAND aangegeven,
vooraf gegaan door een letter. Wilt u de letter noemen die vermeld staat
voor de categorie waarbinnen uw netto huishoudinkomen valt?
Indien de respondent zegt het niet te weten, laat u hem/haar een grove schatting maken.

VRAAG 706

(v1687)

Kaart 3

1	❑	J	Minder dan € 150
2	❑	R	€ 150 tot € 300
3	❑	C	€ 300 tot € 500
4	❑	M	€ 500 tot € 1.000
5	❑	F	€ 1.000 tot € 1.500
6	❑	S	€ 1.500 tot € 2.000
7	❑	K	€ 2.000 tot € 2.500
8	❑	P	€ 2.500 tot € 3.000
9	❑	D	€ 3.000 tot € 5.000
10	❑	H	€ 5.000 tot € 7.500
11	❑	U	€ 7.500 tot € 10.000
12	❑	N	€ 10.000 of meer
97	❑		(weet niet)
99	❑		(geen antwoord)

VRAAG 715

Zo meteen volgt een aantal uitspraken die te maken hebben met uw
positie in de samenleving. Wilt u aangeven in hoeverre u het eens
of oneens bent met de volgende stellingen?
Enq.: Geef respondent de laptop zodat deze de volgende vragen zelf kan invullen

VRAAG 720

637L2

Lijst 8

1 ❏   (v3222) Ik heb moeite om van mijn inkomen de noodzakelijke dingen te kopen.
2 ❏   (v3221) Mijn werk wordt door de samenleving ondergewaardeerd.
3 ❏   (v3214) Ik denk dat ik me de komende jaren minder zal kunnen veroorloven.
4 ❏   (v3215) Ik lig wel eens wakker vanwege mijn financiële situatie.
5 ❏   (v3217) Ik vrees wel eens dat ik mijn huidige baan zal verliezen.
6 ❏   (v3220) Ik ben zeer ontevreden met mijn huidige sociaal aanzien.
7 ❏   (v3219) Ik ben zeer ontevreden met mijn huidige inkomen.
8 ❏   (v3216) Ik denk dat ik mijn huidige leefstijl de komende jaren zal moeten aanpassen.
9 ❏   (v3092) Ik maak me er wel eens zorgen over dat mijn woonomgeving er op achteruit zal gaan.
10 ❏   (v3093) Ik ben wel eens bang dat mijn financiële vooruitzichten de komende jaren zullen verslechteren.
11 ❏   (v3218) Ik ben bang dat ik geen vaste baan zal vinden.

VRAAG 725

639L1

In hoeverre bent u het eens met de volgende uitspraak?
(v3222) Ik heb moeite om van mijn inkomen de noodzakelijke dingen te kopen.

1 ❏   helemaal mee eens
2 ❏   mee eens
3 ❏   noch mee eens, noch mee oneens
4 ❏   mee oneens
5 ❏   helemaal mee oneens
6 ❏   niet van toepassing

VRAAG 725

640L1

In hoeverre bent u het eens met de volgende uitspraak?
(v3221) Mijn werk wordt door de samenleving ondergewaardeerd.

1 ❏   helemaal mee eens
2 ❏   mee eens
3 ❏   noch mee eens, noch mee oneens
4 ❏   mee oneens
5 ❏   helemaal mee oneens
6 ❏   niet van toepassing

VRAAG 725

641L1

In hoeverre bent u het eens met de volgende uitspraak?
(v3214) Ik denk dat ik me de komende jaren minder zal kunnen veroorloven.

1 ❏   helemaal mee eens
2 ❏   mee eens
3 ❏   noch mee eens, noch mee oneens
4 ❏   mee oneens
5 ❏   helemaal mee oneens
6 ❏   niet van toepassing

VRAAG 725

642L1

In hoeverre bent u het eens met de volgende uitspraak?
(v3215) Ik lig wel eens wakker vanwege mijn financiële situatie.

1 ❏   helemaal mee eens
2 ❏   mee eens
3 ❏   noch mee eens, noch mee oneens
4 ❏   mee oneens
5 ❏   helemaal mee oneens
6 ❏   niet van toepassing

VRAAG 725

In hoeverre bent u het eens met de volgende uitspraak?
(v3217) Ik vrees wel eens dat ik mijn huidige baan zal verliezen.

1 ☐   helemaal mee eens
2 ☐   mee eens
3 ☐   noch mee eens, noch mee oneens
4 ☐   mee oneens
5 ☐   helemaal mee oneens
6 ☐   niet van toepassing

VRAAG 725

In hoeverre bent u het eens met de volgende uitspraak?
(v3220) Ik ben zeer ontevreden met mijn huidige sociaal aanzien.

1 ☐   helemaal mee eens
2 ☐   mee eens
3 ☐   noch mee eens, noch mee oneens
4 ☐   mee oneens
5 ☐   helemaal mee oneens
6 ☐   niet van toepassing

VRAAG 725

In hoeverre bent u het eens met de volgende uitspraak?
(v3219) Ik ben zeer ontevreden met mijn huidige inkomen.

1 ☐   helemaal mee eens
2 ☐   mee eens
3 ☐   noch mee eens, noch mee oneens
4 ☐   mee oneens
5 ☐   helemaal mee oneens
6 ☐   niet van toepassing

VRAAG 725

In hoeverre bent u het eens met de volgende uitspraak?
(v3216) Ik denk dat ik mijn huidige leefstijl de komende jaren zal moeten aanpassen.

1 ☐   helemaal mee eens
2 ☐   mee eens
3 ☐   noch mee eens, noch mee oneens
4 ☐   mee oneens
5 ☐   helemaal mee oneens
6 ☐   niet van toepassing

VRAAG 725

In hoeverre bent u het eens met de volgende uitspraak?
(v3092) Ik maak me er wel eens zorgen over dat mijn woonomgeving er op achteruit zal gaan.

1 ☐   helemaal mee eens
2 ☐   mee eens
3 ☐   noch mee eens, noch mee oneens
4 ☐   mee oneens
5 ☐   helemaal mee oneens
6 ☐   niet van toepassing

VRAAG 725

648L1

In hoeverre bent u het eens met de volgende uitspraak?
(v3093) Ik ben wel eens bang dat mijn financiële vooruitzichten de komende jaren zullen verslechteren.

1 ❑   helemaal mee eens
2 ❑   mee eens
3 ❑   noch mee eens, noch mee oneens
4 ❑   mee oneens
5 ❑   helemaal mee oneens
6 ❑   niet van toepassing

VRAAG 725

639L1

In hoeverre bent u het eens met de volgende uitspraak?
(v3218) Ik ben bang dat ik geen vaste baan zal vinden.

1 ❑   helemaal mee eens
2 ❑   mee eens
3 ❑   noch mee eens, noch mee oneens
4 ❑   mee oneens
5 ❑   helemaal mee oneens
6 ❑   niet van toepassing

PLAY "v3827.wav"
VRAAG 726
Tot zover. U kunt nu weer de laptop aan de enquêteur terug geven.

VRAAG 730

649L1

(v0085)
Bent u lid van een vakbond of beroepsorganisatie?

1 ❑   ja
·2 ❑   nee

VRAAG 735
Vakbonden spelen in ons land een belangrijke rol. Zij kunnen invloed
uitoefenen op politieke zaken. Ik leg u een aantal uitspraken voor
die gaan over de vakbonden.
Wilt u voor elk daarvan aangeven in hoeverre ze overeenkomen met uw mening?
Enq.: Geef respondent de laptop zodat deze de volgende vragen zelf kan invullen

VRAAG 740

650L1

Lijst 9

1 ❑   (v0216) De vakbonden moeten een veel hardere politiek voeren willen zij de belangen van de werknemers kunnen behartigen.
2 ❑   (v0217) De vakbonden moeten hun leden adviseren op bepaalde partijen te stemmen die de belangen van de werknemers het best behartigen.
3 ❑   (v0218) Arbeiders moeten nog steeds strijden voor een gelijkwaardige positie in de maatschappij.
4 ❑   (v0219) De standsverschillen zouden kleiner moeten zijn dan nu.

VRAAG 745

651L1

In hoeverre bent u het eens met de volgende stelling?
(v0216) De vakbonden moeten een veel hardere politiek voeren willen zij de belangen van de werknemers kunnen
behartigen.

1 ❑   helemaal mee eens
2 ❑   mee eens
3 ❑   niet mee eens, niet mee oneens
4 ❑   niet mee eens
5 ❑   helemaal niet mee eens
6 ❑   nog nooit over nagedacht

VRAAG 745

In hoeverre bent u het eens met de volgende stelling?
(v0217) De vakbonden moeten hun leden adviseren op bepaalde partijen te stemmen die de belangen van de werknemers het best behartigen.

1 ❑ helemaal mee eens
2 ❑ mee eens
3 ❑ niet mee eens, niet mee oneens
4 ❑ niet mee eens
5 ❑ helemaal niet mee eens
6 ❑ nog nooit over nagedacht

VRAAG 745

In hoeverre bent u het eens met de volgende stelling?
(v0218) Arbeiders moeten nog steeds strijden voor een gelijkwaardige positie in de maatschappij.

1 ❑ helemaal mee eens
2 ❑ mee eens
3 ❑ niet mee eens, niet mee oneens
4 ❑ niet mee eens
5 ❑ helemaal niet mee eens
6 ❑ nog nooit over nagedacht

VRAAG 745

In hoeverre bent u het eens met de volgende stelling?
(v0219) De standsverschillen zouden kleiner moeten zijn dan nu.

1 ❑ helemaal mee eens
2 ❑ mee eens
3 ❑ niet mee eens, niet mee oneens
4 ❑ niet mee eens
5 ❑ helemaal niet mee eens
6 ❑ nog nooit over nagedacht

PLAY "v3827.wav"

VRAAG 750

Tot zover. U kunt nu de laptop weer teruggeven aan de enquêteur.

VRAAG 755

(v0220)
Ik zou ook graag willen weten wat uw mening is over de
inkomensverschillen in ons land.
Wenst u dat de verschillen tussen hoge en lage inkomens groter
of kleiner worden, of wenst u dat ze gelijk blijven?

1 ❑ ze moeten groter worden
2 ❑ ze moeten gelijk blijven
3 ❑ ze moeten kleiner worden
8 ❑ geen antwoord
9 ❑ weet niet

VRAAG 760

(v0221)
Bent u ervoor of ertegen, dat DE OVERHEID ingrijpende maatregelen
neemt om bijvoorbeeld de verschillen in inkomens te verkleinen?

1 ❑ daar ben ik voor
2 ❑ daar ben ik tegen
3 ❑ daar heb ik geen mening over
9 ❑ weet niet

VRAAG 765

Enquêteur: wijs respondent op kaart 4
In de politiek is het niet altijd mogelijk alles te bereiken wat men graag
zou willen. Op deze kaart staan verschillende dingen die je kunt nastreven.
Als u daaruit zou moeten kiezen, welk doel lijkt u dan het meest wenselijk?
En wat vindt u op de tweede plaats wenselijk? En wat vindt u op de derde
plaats wenselijk? En wat vindt u tot slot het minst wenselijk?
Allereerst: welk doel vindt u het MEEST wenselijk?

Kaart 4

1 ❑ (v0679) A De orde in dit land handhaven.
2 ❑ (v0680) B De politieke inspraak van de burgers vergroten.
3 ❑ (v0681) C Prijsstijgingen tegengaan.
4 ❑ (v0682) D De vrijheid van meningsuiting beschermen.

VRAAG 766

En welk doel daarna?

1 ❑ (v0679) A De orde in dit land handhaven.
2 ❑ (v0680) B De politieke inspraak van de burgers vergroten.
3 ❑ (v0681) C Prijsstijgingen tegengaan.
4 ❑ (v0682) D De vrijheid van meningsuiting beschermen.

VOEG TOE AAN Q770 Q766
VRAAG 767

En welke daarna?

1 ❑ (v0679) A De orde in dit land handhaven.
2 ❑ (v0680) B De politieke inspraak van de burgers vergroten.
3 ❑ (v0681) C Prijsstijgingen tegengaan.
4 ❑ (v0682) D De vrijheid van meningsuiting beschermen.

VOEG TOE AAN Q770 Q767
INDIEN [# Q770 , 1] VOEG TOE AAN Q768 [1]
INDIEN [# Q770 , 2] VOEG TOE AAN Q768 [2]
INDIEN [# Q770 , 3] VOEG TOE AAN Q768 [3]
INDIEN [# Q770 , 4] VOEG TOE AAN Q768 [4]
VRAAG 768

MINST wenselijke doel

1 ❑ (v0679) A De orde in dit land handhaven.
2 ❑ (v0680) B De politieke inspraak van de burgers vergroten.
3 ❑ (v0681) C Prijsstijgingen tegengaan.
4 ❑ (v0682) D De vrijheid van meningsuiting beschermen.

VRAAG 800

Ik ga u nu een aantal dingen voorleggen. Vindt u dat iedereen in ons
land vrij moet zijn om die dingen te doen?
Of vindt u dat die vrijheid op de een of andere manier moet worden ingeperkt?
Enq.: Geef respondent de laptop zodat deze de volgende vragen zelf kan invullen

VRAAG 805

1 ❑ in het openbaar te zeggen wat men wil
2 ❑ in het openbaar te schrijven wat men wil
3 ❑ voor of tegen iets te demonstreren
4 ❑ openlijk kritiek te leveren op het Koningshuis
5 ❑ gebouwen te bezetten (bijv. scholen,bedrijven of universiteiten) om gerechtvaardigde eisen kracht bij te
zetten.

VRAAG 810

666L1

(v0223)

Vindt u dat iedereen vrij moet zijn om in het openbaar te zeggen wat men wil?

   1 ❑   iedereen moet daarin vrij zijn
   2 ❑   vrijheid moet ingeperkt worden

VRAAG 810

667L1

(v0224)

Vindt u dat iedereen vrij moet zijn om in het openbaar te schrijven wat men wil?

   1 ❑   iedereen moet daarin vrij zijn
   2 ❑   vrijheid moet ingeperkt worden

VRAAG 810

668L1

(v0225)

Vindt u dat iedereen vrij moet zijn om voor of tegen iets te demonstreren?

   1 ❑   iedereen moet daarin vrij zijn
   2 ❑   vrijheid moet ingeperkt worden

VRAAG 810

669L1

(v0226)

Vindt u dat iedereen vrij moet zijn om openlijk kritiek te leveren op het Koningshuis?

   1 ❑   iedereen moet daarin vrij zijn
   2 ❑   vrijheid moet ingeperkt worden

VRAAG 810

670L1

(v0228)

Vindt u dat iedereen vrij moet zijn om gebouwen te bezetten (bijv. scholen,bedrijven of universiteiten) om gerechtvaardigde eisen kracht bij te zetten?

   1 ❑   iedereen moet daarin vrij zijn
   2 ❑   vrijheid moet ingeperkt worden

VRAAG 812

Ik ga u nu weer een aantal dingen voorleggen. Het gaat over etnische minderheden die wetmatig in ons land verblijven.

VRAAG 813

   1 ❑   in het openbaar te zeggen wat men wil
   2 ❑   in het openbaar te schrijven wat men wil
   3 ❑   voor of tegen iets te demonstreren

VRAAG 814

(v0223b)

Vindt u dat etnische minderheden vrij moeten zijn om in het openbaar te zeggen wat men wil?

   1 ❑   etnische minderheden moeten daarin vrij zijn
   2 ❑   vrijheid moet ingeperkt worden

VRAAG 814

(v0224b)

Vindt u dat etnische minderheden vrij moeten zijn om in het openbaar te schrijven wat men wil?

1 ❑ etnische minderheden moeten daarin vrij zijn
2 ❑ vrijheid moet ingeperkt worden

VRAAG 814

(v0225b)
Vindt u dat etnische minderheden vrij moeten zijn om voor of tegen iets te demonstreren?

1 ❑ etnische minderheden moeten daarin vrij zijn
2 ❑ vrijheid moet ingeperkt worden

VRAAG 815
Zo meteen wordt een aantal schoolsituaties beschreven. Stel dat
u kinderen in de schoolgaande leeftijd zou hebben. Wat zou u dan van de
volgende schoolsituaties vinden? De vraag is dan of u daar heel veel bezwaren
tegen zou hebben, wel wat bezwaren tegen zou hebben, geen bezwaren tegen zou
hebben of helemaal geen bezwaren tegen zou hebben?

VRAAG 816

671L1

Lijst 10

1 ❑ (V3104) Meer dan de helft van de leerlingen deel uit maakt van een etnische minderheidsgroep
2 ❑ (V3105) Ongeveer de helft van de leerlingen deel uit maakt van een etnische minderheidsgroep
3 ❑ (V3106) Ongeveer een vierde van de leerlingen deel uit maakt van een etnische minderheidsgroep
4 ❑ (V3107) Ongeveer een tiende van de leerlingen deel uit maakt van een etnische minderheidsgroep

VRAAG 820

672L1

Wat zou u ervan vinden als op de school van uw kinderen ...?
(v3104) Meer dan de helft van de leerlingen deel uit maakt van een etnische minderheidsgroep

1 ❑ heel veel bezwaar tegen
2 ❑ wel wat bezwaar tegen
3 ❑ geen bezwaar tegen
4 ❑ helemaal geen bezwaar tegen

VRAAG 820

673L1

Wat zou u ervan vinden als op de school van uw kinderen ...?
(v3105) Ongeveer de helft van de leerlingen deel uit maakt van een etnische minderheidsgroep

1 ❑ heel veel bezwaar tegen
2 ❑ wel wat bezwaar tegen
3 ❑ geen bezwaar tegen
4 ❑ helemaal geen bezwaar tegen

VRAAG 820

674L1

Wat zou u ervan vinden als op de school van uw kinderen ...?
(v3106) Ongeveer een vierde van de leerlingen deel uit maakt van een etnische minderheidsgroep

1 ❑ heel veel bezwaar tegen
2 ❑ wel wat bezwaar tegen
3 ❑ geen bezwaar tegen
4 ❑ helemaal geen bezwaar tegen

VRAAG 820

Wat zou u ervan vinden als op de school van uw kinderen ...?
(v3107) Ongeveer een tiende van de leerlingen deel uit maakt van een etnische minderheidsgroep

    1 ❑   heel veel bezwaar tegen
    2 ❑   wel wat bezwaar tegen
    3 ❑   geen bezwaar tegen
    4 ❑   helemaal geen bezwaar tegen

*PLAY "v3827.wav"

VRAAG 821

Tot zover. U kunt nu de laptop weer aan de enquêteur terug geven.

VRAAG 823

(v6038)
Heeft u één of meer goede vrienden/vriendinnen van Turkse herkomst?

    1 ❑   ja
    2 ❑   nee

VRAAG 824

(v6039)
Heeft u één of meer goede vrienden/vriendinnen van Marokkaanse herkomst?

    1 ❑   ja
    2 ❑   nee

VRAAG 825

(v6040)
Heeft u één of meer goede vrienden/vriendinnen van Surinaams/Antilliaanse herkomst?

    1 ❑   ja
    2 ❑   nee

VRAAG 830

Dan wil ik u nu vragen hoeveel van uw vrienden of collega's tot
een etnische minderheidsgroep behoren. De bedoeling is dat u een
ruwe schatting geeft.

VRAAG 835   **FORMULIER VRAAG**

(v3126)
Hoeveel procent van uw vrienden behoort tot een etnische minderheidsgroep?
Enquêteur: indien respondent het niet weet: vraag om een ruwe schatting.
Gebruik de button bij 'weet niet'

Percentage vrienden: ......%

VRAAG 840   **FORMULIER VRAAG**

(v3127)
Hoeveel procent van uw collega's behoort tot een etnische minderheidsgroep?
Enquêteur: indien respondent het niet weet: vraag om een ruwe schatting.
Gebruik de button bij 'weet niet'

Percentage collega's: ......%

VRAAG 845   **FORMULIER VRAAG**

(v5102)
Hoeveel procent van de mensen die in Nederland wonen behoort
tot een etnische minderheidsgroep?

Enquêteur: indien respondent het niet weet: vraag om een ruwe schatting.
Gebruik de button bij 'weet niet'

Percentage etnische minderheden in Nederland: ......%

VRAAG 850   **FORMULIER VRAAG**

(v5103)
Hoeveel procent van de mensen die in uw buurt wonen behoort
tot een etnische minderheidsgroep?
Enquêteur: indien respondent het niet weet: vraag om een ruwe schatting.
Gebruik de button bij 'weet niet'

Percentage etnische minderheden in buurt: ......%

VRAAG 854

(v6041)
Hoe vaak heeft u het afgelopen jaar in uw buurt of woonplaats persoonlijk contact gehad met iemand van Turkse herkomst?

1 ❑   elke dag
2 ❑   een of meerdere keren per week
3 ❑   een aantal keren per maand
4 ❑   ongeveer één keer per maand
5 ❑   een aantal keren per jaar
6 ❑   ongeveer één keer per jaar
7 ❑   nooit

VRAAG 855

(v6042)
Hoe vaak heeft u het afgelopen jaar in uw buurt of woonplaats persoonlijk contact gehad met iemand van Marokkaanse herkomst?

1 ❑   elke dag
2 ❑   een of meerdere keren per week
3 ❑   een aantal keren per maand
4 ❑   ongeveer één keer per maand
5 ❑   een aantal keren per jaar
6 ❑   ongeveer één keer per jaar
7 ❑   nooit

VRAAG 856

(v6043)
Hoe vaak heeft u het afgelopen jaar in uw buurt of woonplaats persoonlijk contact gehad met iemand van Surinaams/Antilliaanse herkomst?

1 ❑   elke dag
2 ❑   een of meerdere keren per week
3 ❑   een aantal keren per maand
4 ❑   ongeveer één keer per maand
5 ❑   een aantal keren per jaar
6 ❑   ongeveer één keer per jaar
7 ❑   nooit

VRAAG 857

(v6044)
Indien u het afgelopen jaar in uw buurt of woonplaats contact heeft gehad met mensen die behoren tot een etnische minderheidsgroep, hoe beoordeelt u dit contact? Is dat zeer positief, positief, neutraal, negatief of zeer negatief?

1 ❑ zeer positief
2 ❑ positief
3 ❑ neutraal
4 ❑ negatief
5 ❑ zeer negatief

VRAAG 858

(v6045)
Hoe vaak heeft u in het afgelopen jaar op uw werk en/of school persoonlijk contact gehad met iemand van Turkse herkomst?

1 ❑ elke dag
2 ❑ een of meerdere keren per week
3 ❑ een aantal keren per maand
4 ❑ ongeveer één keer per maand
5 ❑ een aantal keren per jaar
6 ❑ ongeveer één keer per jaar
7 ❑ nooit

VRAAG 859

(v6046)
Hoe vaak heeft u in het afgelopen jaar op uw werk en/of school persoonlijk contact gehad met iemand van Marokkaanse herkomst?

1 ❑ elke dag
2 ❑ een of meerdere keren per week
3 ❑ een aantal keren per maand
4 ❑ ongeveer één keer per maand
5 ❑ een aantal keren per jaar
6 ❑ ongeveer één keer per jaar
7 ❑ nooit

VRAAG 860

(v6047)
Hoe vaak heeft u in het afgelopen jaar op uw werk en/of school persoonlijk contact gehad met iemand van Surinaams/Antilliaanse herkomst?

1 ❑ elke dag
2 ❑ een of meerdere keren per week
3 ❑ een aantal keren per maand
4 ❑ ongeveer één keer per maand
5 ❑ een aantal keren per jaar
6 ❑ ongeveer één keer per jaar
7 ❑ nooit

VRAAG 861

(v6048)
Indien u het afgelopen jaar op uw werk en/of school contact heeft gehad met mensen die behoren tot een etnische minderheidsgroep, hoe beoordeelt u dit contact? Is dat zeer positief, positief, neutraal, negatief of zeer negatief?

1 ❑ zeer positief
2 ❑ positief
3 ❑ neutraal
4 ❑ negatief
5 ❑ zeer negatief

VRAAG 900

694L2

(v1936)
Dan volgt nu weer een aantal vragen over uw ouders.
Wat is de HOOGSTE schoolopleiding die uw vader heeft VOLTOOID?

1 ❑ geen schoolopleiding voltooid na de lagere school
2 ❑ Lager beroepsonderwijs, lagere technische school, nijverheidsonderwijs, huishoudschool, VMBO basisberoepsgerichte of kaderberoepsgerichte leerweg
3 ❑ MULO, ULO, MAVO, VMBO theoretische of gemengde leerweg
4 ❑ Kort MBO, VHBO
5 ❑ Middelbaar beroepsonderwijs, MBO beroepsopleidende leerweg
6 ❑ MBO-plus voor toegang tot het HBO, korte HBO-opleiding (korter dan 2 jaar)
7 ❑ MMS, HAVO,
8 ❑ HBS, VWO, gymnasium, atheneum,
9 ❑ Hoger beroepsonderwijs, kweekschool, conservatorium, MO-acten, nieuwe stijl hoge scholen
10 ❑ Wetenschappelijk onderwijs, universiteit, technische - economische hogeschool oude stijl.
11 ❑ Postdoctorale opleiding (leraren- en beroepsopleidingen zoals medici, apotheker)
12 ❑ Aio\Oio of andere promotieopleiding tot graad van doctor
13 ❑ Anders
97 ❑ weet niet

VRAAG 905

696L1

(v1239)
Had uw vader betaald werk toen U 12 jaar oud was?
Of: indien hij al eerder was overleden,
in de tijd voorafgaande aan zijn overlijden?

1 ❑ ja
　 ↳ *GA VERDER NAAR VRAAG 925*
2 ❑ nee
8 ❑ geen antwoord
　 ↳ *GA VERDER NAAR VRAAG 940*
9 ❑ weet niet
　 ↳ *GA VERDER NAAR VRAAG 940*

VRAAG 910

697L1

(v1240)
Wat was TOEN zijn voornaamste bezigheid?

1 ❑ was gepensioneerd (functioneel leeftijdsontslag, VUT, rentenierend)
2 ❑ kreeg WAO, was invalide
3 ❑ had gewerkt, maar was werkloos en zocht opnieuw werk
　 ↳ *GA VERDER NAAR VRAAG 925*
4 ❑ werkte in eigen huishouding
5 ❑ deed wat anders
8 ❑ geen antwoord
9 ❑ weet niet

VRAAG 915

(v1241)
Had hij al eens betaald werk gehad?

    1 ❑   ja
    2 ❑   nee
    8 ❑   geen antwoord
    9 ❑   weet niet

INDIEN [Q915 , 2 , 8 , 9] GA VERDER NAAR VRAAG 940

VRAAG 925   **FORMULIER VRAAG**
Om wat voor werk ging het precies? Wilt u zo nauwkeurig mogelijk
opgeven welk beroep of welke functie hij uitoefende?
Enquêteur: de respondent dient hier zo nauwkeurig mogelijk aan te geven,
wat de naam van het beroep of de functie was.

VRAAG 926   **FORMULIER VRAAG**
Kunt u dit verder verduidelijken door zijn voornaamste werkzaamheden op te noemen?

VRAAG 927   **FORMULIER VRAAG**
In wat voor soort bedrijf of instelling werkte hij?

VRAAG 928   **FORMULIER VRAAG**
Hoeveel uur werkte hij gewoonlijk per week?
Enquêteur: bedoeld wordt hoeveel uur de vader van de respondent feitelijk werkte
Gebruik de button bij 'weet niet'

VRAAG 930

(v1245) Werkte hij:
Enquêteur: lees voor

    1 ❑   in loondienst bij overheidsinstelling (ambtenaar of trendvolger)
    2 ❑   in loondienst bij particulier bedrijf
    3 ❑   als zelfstandige
    4 ❑   in een gezinsbedrijf (meewerkend gezinslid)
    8 ❑   geen antwoord
    9 ❑   weet niet

VRAAG 935

(v1246)
Gaf hij bij het werk leiding aan andere mensen?
Zo ja, aan hoeveel mensen?

    1 ❑   nee
    2 ❑   ja, aan minder dan 5 mensen
    3 ❑   ja, aan 5 tot en met 9 mensen
    4 ❑   ja, aan 10 tot en met 19 mensen
    5 ❑   ja, aan 20 tot en met 49 mensen
    6 ❑   ja, aan 50 of meer mensen
    8 ❑   geen antwoord
    9 ❑   weet niet

VRAAG 940

823L2

(v1937)

Wat is de HOOGSTE schoolopleiding die uw moeder heeft VOLTOOID?

1 ❏ geen schoolopleiding voltooid na de lagere school
2 ❏ Lager beroepsonderwijs, lagere technische school, nijverheidsonderwijs, huishoudschool, VMBO basisberoepsgerichte of kaderberoepsgerichte leerweg
3 ❏ MULO, ULO, MAVO, VMBO theoretische of gemengde leerweg
4 ❏ Kort MBO, VHBO
5 ❏ Middelbaar beroepsonderwijs, MBO beroepsopleidende leerweg
6 ❏ MBO-plus voor toegang tot het HBO, korte HBO-opleiding (korter dan 2 jaar)
7 ❏ MMS, HAVO,
8 ❏ HBS, VWO, gymnasium, atheneum,
9 ❏ Hoger beroepsonderwijs, kweekschool, conservatorium, MO-acten, nieuwe stijl hoge scholen,
10 ❏ Wetenschappelijk onderwijs, universiteit, technische - economische hogeschool oude stijl.
11 ❏ Postdoctorale opleiding (leraren- en beroepsopleidingen zoals medici, apotheker)
12 ❏ Aio\Oio of andere promotieopleiding tot graad van doctor
13 ❏ Anders
97 ❏ weet niet

VRAAG 945

825L1

(v1939)

Had uw moeder betaald werk buitenshuis toen U 12 jaar oud was?
Of: indien ze al eerder was overleden, in de tijd voorafgaande
aan haar overlijden?

1 ❏ ja
2 ❏ nee
↳ *GA VERDER NAAR VRAAG 955*
8 ❏ geen antwoord
↳ *GA VERDER NAAR VRAAG 955*
9 ❏ weet niet
↳ *GA VERDER NAAR VRAAG 955*

VRAAG 950   **FORMULIER VRAAG**

Hoeveel uur werkte ze gewoonlijk per week?
Enquêteur: bedoeld wordt hoeveel uur de moeder van de respondent feitelijk werkte.
Gebruik de button bij 'weet niet'

VRAAG 955

(v6003)

Wanneer u de sociale klasse van uw huishouden vergelijkt met de sociale klasse van uw ouders, welke van de volgende uitspraken op deze kaart is dan op uw huishouden van toepassing?
Enq.: wijs respondent op kaart 5

Kaart 5

1 ❏ Mijn huishouden behoort tot een hogere sociale klasse dan mijn ouders
2 ❏ Mijn huishouden behoort tot dezelfde sociale klasse als mijn ouders
3 ❏ Mijn huishouden behoort tot een lagere sociale klasse dan mijn ouders

Q960 T/M 970 ALLEEN STELLEN INDIEN [Q600 = 1 OF Q605 =1]
INDIEN [Q600 , 1 OF Q605, 1] GA VERDER NAAR VRAAG 1000

VRAAG 960

INDIEN [Q600 , 1 OF Q605 , 1]

Dan volgt nu een aantal vragen over de ouders van uw partner.

VRAAG 965

(v6001)

157

Wat is de HOOGSTE schoolopleiding die de vader van uw partner heeft VOLTOOID?
1 ☐ geen schoolopleiding voltooid na de lagere school
2 ☐ Lager beroepsonderwijs, lagere technische school, nijverheidsonderwijs, huishoudschool, VMBO basisberoepsgerichte of kaderberoepsgerichte leerweg
3 ☐ MULO, ULO, MAVO, VMBO theoretische of gemengde leerweg
4 ☐ Kort MBO, VHBO
5 ☐ Middelbaar beroepsonderwijs, MBO beroepsopleidende leerweg
6 ☐ MBO-plus voor toegang tot het HBO, korte HBO-opleiding (korter dan 2 jaar)
7 ☐ MMS, HAVO,
8 ☐ HBS, VWO, gymnasium, atheneum,
9 ☐ Hoger beroepsonderwijs, kweekschool, conservatorium, MO-acten, nieuwe stijl hoge scholen,
10 ☐ Wetenschappelijk onderwijs, universiteit, technische - economische hogeschool oude stijl.
11 ☐ Postdoctorale opleiding (leraren- en beroepsopleidingen zoals medici, apotheker)
12 ☐ Aio\Oio of andere promotieopleiding tot graad van doctor
13 ☐ Anders
97 ☐ weet niet

VRAAG 970

(v6002)
Wat is de HOOGSTE schoolopleiding die de moeder van uw partner heeft VOLTOOID?
1 ☐ geen schoolopleiding voltooid na de lagere school
2 ☐ Lager beroepsonderwijs, lagere technische school, nijverheidsonderwijs, huishoudschool, VMBO basisberoepsgerichte of kaderberoepsgerichte leerweg
3 ☐ MULO, ULO, MAVO, VMBO theoretische of gemengde leerweg
4 ☐ Kort MBO, VHBO
5 ☐ Middelbaar beroepsonderwijs, MBO beroepsopleidende leerweg
6 ☐ MBO-plus voor toegang tot het HBO, korte HBO-opleiding (korter dan 2 jaar)
7 ☐ MMS, HAVO,
8 ☐ HBS, VWO, gymnasium, atheneum,
9 ☐ Hoger beroepsonderwijs, kweekschool, conservatorium, MO-acten, nieuwe stijl hoge scholen,
10 ☐ Wetenschappelijk onderwijs, universiteit, technische - economische hogeschool oude stijl.
11 ☐ Postdoctorale opleiding (leraren- en beroepsopleidingen zoals medici, apotheker)
12 ☐ Aio\Oio of andere promotieopleiding tot graad van doctor
13 ☐ Anders
97 ☐ weet niet

INDIEN [Q110 ,2] GA VERDER NAAR VRAAG 1004

VRAAG 1000

De volgende lijst bevat een aantal uitspraken over etnische minderheden
en religieuze groepen die in Nederland wonen. Het zijn uitspraken die u
wel eens gehoord zult hebben. Sommige mensen zullen het met deze uitspraken
eens zijn, anderen zullen het daar niet mee eens zijn.
Ik wil u weer vragen bij elk van de volgende uitspraken aan te geven in
hoeverre u het ermee eens of oneens bent.
Enq.: Geef respondent de laptop zodat deze de volgende vragen zelf kan invullen

VRAAG 1001

828L2

Lijst 11

1 ❑   (v5105) Moslims voeden hun kinderen op een autoritaire manier op.
2 ❑   (v0649) Met Marokkanen weet je nooit zeker of ze niet plotseling agressief zullen worden.
3 ❑   (v5104) Moslim mannen overheersen hun vrouwen.
4 ❑   (v0650) De meeste Surinamers werken nogal langzaam.
5 ❑   (v5106) Moslims sluiten zich af van de Nederlandse samenleving.
6 ❑   (v0651) Zigeuners zijn nooit te vertrouwen.
7 ❑   (v0654) Turken hebben zoveel kinderen omdat ze nog niet beter weten.
8 ❑   (v2140) Moslims grijpen gemakkelijk naar geweld om hun problemen op te lossen.
9 ❑   (v2139) Moslims misbruiken hun godsdienst voor politieke doeleinden.
10 ❑   (v0655) Als je met joden zaken doet moet je extra oppassen.
11 ❑   (v5108) De meeste Moslims hebben geen respect voor homoseksuelen.

VRAAG 1002

831L1

(v5105) Moslims voeden hun kinderen op een autoritaire manier op.
Bent u het hier...?

1 ❑   helemaal mee eens
2 ❑   mee eens
3 ❑   niet mee eens, niet mee oneens
4 ❑   niet mee eens
5 ❑   helemaal niet mee eens
6 ❑   nooit over nagedacht

VRAAG 1002

832L1

(v0649) Met Marokkanen weet je nooit zeker of ze niet plotseling agressief zullen worden.
Bent u het hier...?

1 ❑   helemaal mee eens
2 ❑   mee eens
3 ❑   niet mee eens, niet mee oneens
4 ❑   niet mee eens
5 ❑   helemaal niet mee eens
6 ❑   nooit over nagedacht

VRAAG 1002

833L1

(v5104) Moslim mannen overheersen hun vrouwen.
Bent u het hier...?

1 ❑   helemaal mee eens
2 ❑   mee eens
3 ❑   niet mee eens, niet mee oneens
4 ❑   niet mee eens
5 ❑   helemaal niet mee eens
6 ❑   nooit over nagedacht

VRAAG 1002

834L1

(v0650) De meeste Surinamers werken nogal langzaam.
Bent u het hier...?

1 ❑   helemaal mee eens
2 ❑   mee eens
3 ❑   niet mee eens, niet mee oneens
4 ❑   niet mee eens
5 ❑   helemaal niet mee eens
6 ❑   nooit over nagedacht

VRAAG 1002

(v5106) Moslims sluiten zich af van de Nederlandse samenleving.
Bent u het hier...?

1 ☐ helemaal mee eens
2 ☐ mee eens
3 ☐ niet mee eens, niet mee oneens
4 ☐ niet mee eens
5 ☐ helemaal niet mee eens
6 ☐ nooit over nagedacht

VRAAG 1002

836L1

(v0651) Zigeuners zijn nooit te vertrouwen.
Bent u het hier...?

1 ☐ helemaal mee eens
2 ☐ mee eens
3 ☐ niet mee eens, niet mee oneens
4 ☐ niet mee eens
5 ☐ helemaal niet mee eens
6 ☐ nooit over nagedacht

VRAAG 1002

838L1

(v0654) Turken hebben zoveel kinderen omdat ze nog niet beter weten.
Bent u het hier...?

1 ☐ helemaal mee eens
2 ☐ mee eens
3 ☐ niet mee eens, niet mee oneens
4 ☐ niet mee eens
5 ☐ helemaal niet mee eens
6 ☐ nooit over nagedacht

VRAAG 1002

839L1

(v2140) Moslims grijpen gemakkelijk naar geweld om hun problemen op te lossen.
Bent u het hier...?

1 ☐ helemaal mee eens
2 ☐ mee eens
3 ☐ niet mee eens, niet mee oneens
4 ☐ niet mee eens
5 ☐ helemaal niet mee eens
6 ☐ nooit over nagedacht

VRAAG 1002

841L1

(v2139) Moslims misbruiken hun godsdienst voor politieke doeleinden.
Bent u het hier...?

1 ☐ helemaal mee eens
2 ☐ mee eens
3 ☐ niet mee eens, niet mee oneens
4 ☐ niet mee eens
5 ☐ helemaal niet mee eens
6 ☐ nooit over nagedacht

VRAAG 1002

842L1

(v0655) Als je met joden zaken doet moet je extra oppassen.
Bent u het hier...?

1 ☐ helemaal mee eens
2 ☐ mee eens
3 ☐ niet mee eens, niet mee oneens
4 ☐ niet mee eens
5 ☐ helemaal niet mee eens
6 ☐ nooit over nagedacht

VRAAG 1002

843L1

(v5108) De meeste Moslims hebben geen respect voor homoseksuelen.
Bent u het hier...?

1 ☐ helemaal mee eens
2 ☐ mee eens
3 ☐ niet mee eens, niet mee oneens
4 ☐ niet mee eens
5 ☐ helemaal niet mee eens
6 ☐ nooit over nagedacht

*PLAY "v3827.wav"
VRAAG 1003
Tot zover. U kunt nu de laptop weer aan de enquêteur terug geven.

VRAAG 1004

892L1

(v5194)
Dan volgen nu een aantal vragen over uw gezondheid.
Wat vindt u, over het algemeen genomen, van uw gezondheid?

1 ☐ uitstekend
2 ☐ zeer goed
3 ☐ goed
4 ☐ matig
5 ☐ slecht

VRAAG 1005   **FORMULIER VRAAG**

(v3252)
Hoe lang bent u zonder schoenen aan?
Enquêteur: lengte in centimeters vragen. Als respondent aangeeft het niet te
exact te weten, laat de respondent dan een schatting maken.

Lengte:...... cm

VRAAG 1006   **FORMULIER VRAAG**

(v3253)
Wat is uw gewicht zonder kleren aan?
Enquêteur: gewicht in kilogram vragen. Als respondent aangeeft het niet te
exact te weten, laat de respondent dan een schatting maken.

Gewicht:...... kg

INDIEN [Q110 ,2] GA VERDER NAAR VRAAG 1011

VRAAG 1007
De volgende lijst bevat opnieuw een aantal uitspraken over etnische
minderheden. Het zijn uitspraken die u wel eens gehoord zult hebben.
Sommige mensen zullen het ermee eens zijn, anderen zullen het er niet
mee eens zijn.
Wilt u weer bij elk van de uitspraken aangeven of u het er al dan niet

161

mee eens bent?
Enq.: Geef respondent de laptop zodat deze de volgende vragen zelf kan invullen

VRAAG 1008

844L1

Lijst 12

1 ❑ (v3089) Ik maak me er wel eens zorgen over dat mijn woonomgeving er op achteruit gaat door de komst van etnische minderheden.
2 ❑ (v6031) Door de aanwezigheid van etnische minderheden is de criminaliteit in Nederland toegenomen.
3 ❑ (v0639) Etnische minderheden komen bij het toewijzen van huizen eerder aan de beurt dan Nederlanders.
4 ❑ (v0642) Het komt nog eens zo ver dat Nederlanders ontslagen worden om etnische minderheden aan te nemen.
5 ❑ (v2152) De komst van etnische minderheden naar Nederland is een bedreiging voor onze eigen cultuur.
6 ❑ (v0640) Onderwijs aan kinderen van etnische minderheden gaat ten koste van Nederlandse kinderen.
7 ❑ (v3090) Ik ben wel eens bang dat mijn financiële vooruitzichten zullen verslechteren door de aanwezigheid van etnische minderheden.
8 ❑ (v6032) Door de aanwezigheid van etnische minderheden is de criminaliteit in de buurt toegenomen.

VRAAG 1009

845L1

(v3089) Ik maak me er wel eens zorgen over dat mijn woonomgeving er op achteruit gaat door de komst van etnische minderheden.
Bent u het hier... ?

1 ❑ helemaal mee eens
2 ❑ mee eens
3 ❑ niet mee eens, niet mee oneens
4 ❑ niet mee eens
5 ❑ helemaal niet mee eens
6 ❑ nooit over nagedacht

VRAAG 1009

846L1

(v6031) Door de aanwezigheid van etnische minderheden is de criminaliteit in Nederland toegenomen
Bent u het hier... ?

1 ❑ helemaal mee eens
2 ❑ mee eens
3 ❑ niet mee eens, niet mee oneens
4 ❑ niet mee eens
5 ❑ helemaal niet mee eens
6 ❑ nooit over nagedacht

VRAAG 1009

846L1

(v0639) Etnische minderheden komen bij het toewijzen van huizen eerder aan de beurt dan Nederlanders
Bent u het hier... ?

1 ❑ helemaal mee eens
2 ❑ mee eens
3 ❑ niet mee eens, niet mee oneens
4 ❑ niet mee eens
5 ❑ helemaal niet mee eens
6 ❑ nooit over nagedacht

VRAAG 1009

847L1

(v0642) Het komt nog eens zo ver dat Nederlanders ontslagen worden om etnische minderheden aan te nemen.
Bent u het hier... ?

1 ❑ helemaal mee eens
2 ❑ mee eens
3 ❑ niet mee eens, niet mee oneens
4 ❑ niet mee eens

5 ☐ helemaal niet mee eens
6 ☐ nooit over nagedacht

VRAAG 1009

848L1

(v2152) De komst van etnische minderheden naar Nederland is een bedreiging voor onze eigen cultuur.
Bent u het hier... ?

1 ☐ helemaal mee eens
2 ☐ mee eens
3 ☐ niet mee eens, niet mee oneens
4 ☐ niet mee eens
5 ☐ helemaal niet mee eens
6 ☐ nooit over nagedacht

VRAAG 1009

849L1

(v0640) Onderwijs aan kinderen van etnische minderheden gaat ten koste van Nederlandse kinderen.
Bent u het hier... ?

1 ☐ helemaal mee eens
2 ☐ mee eens
3 ☐ niet mee eens, niet mee oneens
4 ☐ niet mee eens
5 ☐ helemaal niet mee eens
6 ☐ nooit over nagedacht

VRAAG 1009

850L1

(v3090) Ik ben wel eens bang dat mijn financiële vooruitzichten zullen verslechteren door de aanwezigheid van etnische minderheden.
Bent u het hier... ?

1 ☐ helemaal mee eens
2 ☐ mee eens
3 ☐ niet mee eens, niet mee oneens
4 ☐ niet mee eens
5 ☐ helemaal niet mee eens
6 ☐ nooit over nagedacht

VRAAG 1009

850L1

(v6032) Door de aanwezigheid van etnische minderheden is de criminaliteit in de buurt toegenomen.
Bent u het hier... ?

1 ☐ helemaal mee eens
2 ☐ mee eens
3 ☐ niet mee eens, niet mee oneens
4 ☐ niet mee eens
5 ☐ helemaal niet mee eens
6 ☐ nooit over nagedacht

PLAY "v3827.wav"
VRAAG 1010
Tot zover. U kunt de laptop weer aan de enquêteur terug geven.

VRAAG 1011

Ik leg u nu een aantal situaties voor over de arbeidsmarkt en de woningmarkt.

VRAAG 1012

(v6026)
Veronderstel nu dat er 2 werknemers zijn. De ene werknemer is een Nederlander, de andere behoort tot een etnische minderheidsgroep. Op alle andere punten zijn de werknemers gelijk. Als één van hen ontslagen moet worden omdat het slecht gaat met het bedrijf, wie zou dat volgens u dan moeten zijn: de werknemer behorende tot een etnische minderheidsgroep of de Nederlandse werknemer?

1 ❑ werknemer behorende tot etnische minderheidsgroep
2 ❑ Nederlandse werknemer
3 ❑ mag geen verschil maken

VRAAG 1013

(v6027)
Veronderstel nu dat er 2 werknemers zijn. De ene werknemer is een Nederlander, de andere behoort tot een etnische minderheidsgroep. Op alle andere punten zijn de werknemers gelijk. Als maar één van beiden in aanmerking kan komen voor promotie, wie zou het dan volgens u moeten zijn: de werknemer behorende tot een etnische minderheidsgroep of de Nederlandse werknemer?

1 ❑ werknemer behorende tot etnische minderheidsgroep
2 ❑ Nederlandse werknemer
3 ❑ mag geen verschil maken

VRAAG 1014

(v6028)
Veronderstel dat er 2 gezinnen zijn. Het ene gezin behoort tot een etnische minderheidsgroep, het andere gezin is een Nederlands gezin. Op alle andere punten zijn ze verder gelijk. Wij zouden graag van u weten welke van de 2 gezinnen volgens u tijdens een periode van woningschaarste de eerst vrijkomende woning moet krijgen?

1 ❑ gezin behorende tot etnische minderheidsgroep
2 ❑ Nederlands gezin
3 ❑ mag geen verschil maken

VRAAG 1015

(v6029)
Veronderstel nu dat er 2 werknemers zijn. De ene is een man, de andere is een vrouw. Op alle andere punten zijn de werknemers gelijk. Als één van hen ontslagen moet worden omdat het slecht gaat met het bedrijf, wie zou dat volgens u dan moeten zijn: de man of de vrouw?

1 ❑ de man
2 ❑ de vrouw
3 ❑ mag geen verschil maken

VRAAG 1016

(v6030)
Veronderstel nu dat er 2 werknemers zijn. De ene werknemer is een man, de andere is een vrouw. Op alle andere punten zijn de werknemers gelijk. Als maar één van beiden in aanmerking kan komen voor promotie, wie zou het dan volgens u moeten zijn: de man of de vrouw?

1 ❑ de man
2 ❑ de vrouw
3 ❑ mag geen verschil maken

VRAAG 1017

Ik leg u nu een aantal uitspraken voor die gaan over de opvoeding van jongens en meisjes.

164

Wilt u elke uitspraak lezen en weer aangeven in hoeverre u het er mee eens
of oneens bent?
Enq.: Geef respondent de laptop zodat deze de volgende vragen zelf kan invullen

VRAAG 1018

851L1

Lijst 13

1 ☐   (v0234) Een vrouw is geschikter om kleine kinderen op te voeden dan een man.
2 ☐   (v0235) Voor een meisje is het eigenlijk toch niet zo belangrijk als voor een jongen om een goede schoolopleiding te krijgen.
3 ☐   (v0236) Jongens kun je nu eenmaal in het algemeen wat vrijer opvoeden dan meisjes.
4 ☐   (v0237) Het is onnatuurlijk als vrouwen in een bedrijf leiding uitoefenen over mannen.

VRAAG 1019

852L1

(v0234) Een vrouw is geschikter om kleine kinderen op te voeden dan een man.
Bent u het met deze uitspraak...?

1 ☐   helemaal mee eens
2 ☐   mee eens
3 ☐   niet mee eens, niet mee oneens
4 ☐   niet mee eens
5 ☐   helemaal niet mee eens
6 ☐   nooit over nagedacht

VRAAG 1019

853L1

(v0235) Voor een meisje is het eigenlijk toch niet zo belangrijk als voor een jongen om een goede schoolopleiding
te krijgen.
Bent u het met deze uitspraak...?

1 ☐   helemaal mee eens
2 ☐   mee eens
3 ☐   niet mee eens, niet mee oneens
4 ☐   niet mee eens
5 ☐   helemaal niet mee eens
6 ☐   nooit over nagedacht

VRAAG 1019

854L1

(v0236) Jongens kun je nu eenmaal in het algemeen wat vrijer opvoeden dan meisjes.
Bent u het met deze uitspraak...?

1 ☐   helemaal mee eens
2 ☐   mee eens
3 ☐   niet mee eens, niet mee oneens
4 ☐   niet mee eens
5 ☐   helemaal niet mee eens
6 ☐   nooit over nagedacht

VRAAG 1019

855L1

(v0237) Het is onnatuurlijk als vrouwen in een bedrijf leiding uitoefenen over mannen.
Bent u het met deze uitspraak...?

1 ☐   helemaal mee eens
2 ☐   mee eens
3 ☐   niet mee eens, niet mee oneens
4 ☐   niet mee eens
5 ☐   helemaal niet mee eens
6 ☐   nooit over nagedacht

VRAAG 1021

Stelt u zich voor dat iemand, van ongeveer 30 jaar oud, werkloos wordt. Deze persoon heeft de afgelopen 5 jaar wetmatig gewerkt. Daarom vraagt deze persoon een werkloosheidsuitkering aan.

Lijst 14

(v6050)
Als deze persoon een Nederlander is, vindt u dan dat hij of zij recht heeft op een uitkering?

1 ❑   ja, ik vind dat deze persoon zeer zeker recht heeft op zo'n uitkering
2 ❑   ja, ik vind dat deze persoon wel recht heeft op zo'n uitkering
3 ❑   ik vind dat deze persoon in sommige gevallen wel maar in andere gevallen geen recht heeft op zo'n uitkering
4 ❑   nee, ik vind dat deze persoon geen recht heeft op zo'n uitkering
5 ❑   nee, ik vind dat deze persoon zeker geen recht heeft op zo'n uitkering

VRAAG 1022

Stelt u zich voor dat iemand, van ongeveer 30 jaar oud, werkloos wordt. Deze persoon heeft de afgelopen 5 jaar wetmatig gewerkt. Daarom vraagt deze persoon een werkloosheidsuitkering aan.

(v6051)
Als deze persoon behoort tot de etnische minderheden in ons land, vindt u dan dat hij of zij recht heeft op een uitkering?

1 ❑   ja, ik vind dat deze persoon zeer zeker recht heeft op zo'n uitkering
2 ❑   ja, ik vind dat deze persoon wel recht heeft op zo'n uitkering
3 ❑   ik vind dat deze persoon in sommige gevallen wel maar in andere gevallen geen recht heeft op zo'n uitkering
4 ❑   nee, ik vind dat deze persoon geen recht heeft op zo'n uitkering
5 ❑   nee, ik vind dat deze persoon zeker geen recht heeft op zo'n uitkering

VRAAG 1023

Stelt u zich voor dat een groep mensen een nieuwe school wil stichten, een school op godsdienstige grondslag.

Lijst 15

(v6052)
Als deze groep mensen uit Nederlanders bestaat die een christelijke school willen stichten, vindt u dat deze groep mensen dat recht heeft of niet?

1 ❑   ja, ik vind dat deze groep zeer zeker dat recht heeft
2 ❑   ja, ik vind dat deze groep wel dat recht heeft
3 ❑   ik vind dat deze groep in sommige gevallen wel maar in andere gevallen niet dat recht heeft
4 ❑   nee, ik vind dat deze groep geen recht heeft
5 ❑   nee, ik vind dat deze groep zeer zeker geen recht heeft

VRAAG 1024

Stelt u zich voor dat een groep mensen een nieuwe school wil stichten, een school op godsdienstige grondslag.

(v6053)
Als deze groep mensen uit etnische minderheden bestaat die een islamitische school willen stichten, vindt u dat deze groep mensen dat recht heeft of niet?

1 ❑   ja, ik vind dat deze groep zeer zeker dat recht heeft
2 ❑   ja, ik vind dat deze groep wel dat recht heeft
3 ❑   ik vind dat deze groep in sommige gevallen wel maar in andere gevallen niet dat recht heeft
4 ❑   nee, ik vind dat deze groep geen recht heeft
5 ❑   nee, ik vind dat deze groep zeer zeker geen recht heeft

PLAY "v3827.wav"
VRAAG 1025
Tot zover. U kunt de laptop weer aan de enquêteur terug geven.

VRAAG 1029

885L1

(v0229)

Dan nu een paar vragen over ingrijpen in kwesties van leven en dood.
Een echtpaar wil bewust geen kinderen, terwijl er medisch geen enkel bezwaar is.
Kunt u een dergelijk standpunt billijken of vindt u dat onaanvaardbaar?

1 ❑ ik kan een dergelijk standpunt billijken
2 ❑ ik vind dat onaanvaardbaar
3 ❑ ik heb daar geen mening over
8 ❑ geen antwoord

VRAAG 1030

886L1

(v0230)

Moet het volgens u mogelijk zijn dat een vrouw zonder meer abortus (dat is:
het opzettelijk onderbreken van de zwangerschap) kan laten uitvoeren als
zij dat wenst?

1 ❑ ja
2 ❑ nee
3 ❑ geen mening
8 ❑ geen antwoord

VRAAG 1035

887L1

(v0231)

Stel dat een dokter iemand op diens eigen verzoek uit zijn lijden
kan helpen door het geven van een spuitje. Moet hij dat volgens
u doen of moet hij dat volgens u niet doen?

1 ❑ wel doen
2 ❑ niet doen
3 ❑ geen mening
8 ❑ geen antwoord
9 ❑ weet niet

VRAAG 1040

888L1

(v0232)

Zijn er volgens u omstandigheden waaronder abortus moet worden toegestaan?

1 ❑ ja
2 ❑ nee
3 ❑ geen mening
8 ❑ geen antwoord

VRAAG 1045

889L1

(v0233)

Vindt u dat mensen het recht moeten hebben om zichzelf te doden als ze
dat willen, of vindt u dat dit verhinderd moet worden?

1 ❑ ze moeten zonder meer dat recht hebben
2 ❑ in sommige omstandigheden moeten ze het recht hebben en in andere omstandigheden moet het
verhinderd worden
3 ❑ dat moet zonder meer verhinderd worden
8 ❑ geen antwoord
9 ❑ (weet niet\ geen mening)

VRAAG 1050

Wilt u aangeven hoe vaak de volgende zaken gedurende de AFGELOPEN VIER WEKEN
voor u van toepassing waren?
Enq.: Geef respondent de laptop zodat deze de volgende vragen zelf kan invullen

VRAAG 1055

899L1

Lijst 16

1 ☐   (v3260) Voelde u zich erg zenuwachtig?
2 ☐   (v3262) Voelde u zich gelukkig?
3 ☐   (v3258) Zat u zo erg in de put dat niets u kon opvrolijken?
4 ☐   (v3261) Voelde u zich kalm en rustig?
5 ☐   (v3259) Voelde u zich neerslachtig en somber?

VRAAG 1060

900L1

Hoe vaak gedurende de afgelopen vier weken...?
(v3260) Voelde u zich erg zenuwachtig?

1 ☐   voortdurend
2 ☐   meestal
3 ☐   vaak
4 ☐   soms
5 ☐   zelden
6 ☐   nooit

VRAAG 1060

901L1

Hoe vaak gedurende de afgelopen vier weken...?
(v3262) Voelde u zich gelukkig?

1 ☐   voortdurend
2 ☐   meestal
3 ☐   vaak
4 ☐   soms
5 ☐   zelden
6 ☐   nooit

VRAAG 1060

902L1

Hoe vaak gedurende de afgelopen vier weken...?
(v3258) Zat u zo erg in de put dat niets u kon opvrolijken?

1 ☐   voortdurend
2 ☐   meestal
3 ☐   vaak
4 ☐   soms
5 ☐   zelden
6 ☐   nooit

VRAAG 1060

903L1

Hoe vaak gedurende de afgelopen vier weken...?
(v3261) Voelde u zich kalm en rustig?

1 ☐   voortdurend
2 ☐   meestal
3 ☐   vaak
4 ☐   soms
5 ☐   zelden
6 ☐   nooit

VRAAG 1060

Hoe vaak gedurende de afgelopen vier weken...?
(v3259) Voelde u zich neerslachtig en somber?

1 ☐ voortdurend
2 ☐ meestal
3 ☐ vaak
4 ☐ soms
5 ☐ zelden
6 ☐ nooit

*PLAY "v3827.wav"
VRAAG 1060
Tot zover. U kunt nu de laptop weer terug geven aan de enquêteur.

VRAAG 1200

(v2315)
Tot slot nog een paar vragen.
Ik heb een schriftelijke vragenlijst bij me. Ik wil u vragen om deze lijst
in te vullen. U kunt deze vragenlijst opsturen met behulp van een
antwoordenveloppe. Het invullen van de lijst kost u 20 à 30 minuten.
Wanneer u deze lijst compleet ingevuld instuurt, krijgt u per ommegaande
een cadeaubon van 15 euro. Wilt u deze vragenlijst deze week
invullen en opsturen?

1 ☐ ja
2 ☐ nee

INDIEN [Q1200 , 2] PLAATS IN txt[1201] "
Als dank voor uw medewerking aan dit onderzoek zullen wij u binnenkort een
cadeaubon toesturen."
VRAAG 1201

<?>
U kunt uit verschillende cadeaubonnen kiezen.
Ik noem ze voor u op:

1 ☐ Cadeaubon te besteden bij Blokker
2 ☐ Cadeaubon te besteden bij Free Record Shop
3 ☐ VVV-Iris cheque

VRAAG 1205

(v2371)
Mogen we u in de toekomst eventueel nog een keer benaderen voor een vraaggesprek?

1 ☐ ja
2 ☐ nee

VRAAG 1210

(v3277)
Mag ik dan uw naam en adresgegevens voor de volledigheid noteren,
zodat we u de cadeaubon toe kunnen sturen?
Enquêteur: herinner de respondent er indien nodig aan dat gegeven antwoorden
strikt vertrouwelijk zijn

1 ☐ ja
2 ☐ nee

VRAAG 1215   **FORMULIER VRAAG**

NAW gegevens
(Enq. Het is van groot belang de gegevens goed te noteren. Laat respondent
eventueel spellen en\of de genoteerde gegevens nog eens nakijken).

PLAATS IN txt[1220] "Enquêteur: bedank de respondent voor zijn \ haar medewerking."
INDIEN [Q1200 , 1] PLAATS IN txt[1220] "Enquêteur: bedank de respondent voor zijn \ haar medewerking en vraag of
hij \ zij in de komende week de postvragenlijst nog wil invullen."

VRAAG 1220

<?>

VRAAG 1225

1073L1

Enq.: controleer of u het juiste respondentnr. op de postvragenlijst
hebt genoteerd.
Controleer tevens of u geslacht en geboortejaar op de
postvragenlijst hebt gezet.
- RESPONDENTNUMMER : <?>
- GEBOORTEJAAR: : <Question 100>

3 ❑   gegevens genoteerd en gecontroleerd

Appendix 2: the drop-off questionnaire

veldkamp - Grote Bickersstraat 76 - 1013 KS Amsterdam - telefoon: 020 - 5225 999

Projectnummer: 3826

RESPONDENTNUMMER:

GESLACHT: | man | vrouw |

GEBOORTEJAAR:

ENQUETEURNUMMER:

SOCIAAL-CULTURELE ONTWIKKELINGEN

IN NEDERLAND 2011

OM TE BEGINNEN

In deze vragenlijst willen we u nog een aantal extra vragen stellen over uw opvattingen over politiek, uw vrije tijd en menselijke relaties. Het is voor ons belangrijk dat u ook deze vragen beantwoordt. We zijn u daarom dankbaar als u deze vragenlijst nog invult. Wanneer u deze vragenlijst compleet ingevuld aan ons retourneert, ontvangt u een cadeaubon ter waarde van 15 euro.

Het gaat ook in deze schriftelijke vragenlijst om UW PERSOONLIJKE MENING. Bovendien gaat het om uw eerste spontane reactie. U hoeft dus niet te lang nadenken.

Uiteraard worden ook uw antwoorden op deze vragen VERTROUWELIJK en ANONIEM behandeld. Niemand zal er achter kunnen komen dat de antwoorden die u geeft van u zijn. Het invullen van deze vragenlijst zal ongeveer een half uur in beslag nemen.

U kunt uw antwoord op verschillende manieren aangeven:
- door het hokje aan te kruisen voor het antwoord dat voor u van toepassing is
- door uw antwoord op de stippellijn in te vullen
- door uw antwoord in de open ruimte op te schrijven.

Soms staat er achter het antwoord dat voor u van toepassing is een pijltje met een vraagnummer. Dat betekent dat u de tussenliggende vragen kunt overslaan.

Veel succes met invullen!

Sociaal vertrouwen en identiteit

1. In de volgende lijst staat een aantal uitspraken over Europa en de Europese Unie. Kunt u bij elk van deze uitspraken uw mening geven? Kruis het antwoord aan dat het meeste met uw persoonlijke mening overeen komt.

	helemaal mee eens	mee eens	niet mee eens, niet mee oneens	niet mee eens	helemaal niet mee eens	nooit over nagedacht
• Ik ben er trots op om Europeaan te zijn...................	❏	❏	❏	❏	❏	❏
• Ik zou mijn Nederlandse staatsburgerschap willen inruilen voor een Europees staatsburgerschap	❏	❏	❏	❏	❏	❏
• Ik vind dat Europa één land moet worden, zonder grenzen...	❏	❏	❏	❏	❏	❏
• Nederland moet zijn lidmaatschap van de Europese Unie opzeggen..	❏	❏	❏	❏	❏	❏
• De Europese Unie moet meer aandacht besteden aan sociale problemen...	❏	❏	❏	❏	❏	❏
• Nederland heeft veel voordeel van zijn lidmaatschap van de Europese Unie	❏	❏	❏	❏	❏	❏
• De Europese Unie vormt een bedreiging voor de Nederlandse cultuur...	❏	❏	❏	❏	❏	❏
• De Europese Unie verspilt veel geld	❏	❏	❏	❏	❏	❏
• Turkije mag lid worden van de Europese Unie.......	❏	❏	❏	❏	❏	❏

2. Beleid kan op verschillende niveaus worden bepaald. Kunt u zeggen op welk niveau u denkt dat over de volgende beleidsterreinen hoofdzakelijk dient te worden beslist? Denkt u dat dat dient te gebeuren op het internationale niveau, het Europese Unie niveau, het nationale (Nederlandse) niveau, het provinciale niveau of het lokale niveau?

	internationale niveau, bijv. de Verenigde Naties	Europese Unie niveau, bijv. het Europese parlement	nationale niveau, bijv. het Nederlandse nationale parlement	provinciale niveau, bijv. de Provinciale Staten	het lokale niveau, bijv. de gemeenteraad
• strijd tegen de georganiseerde misdaad	❏	❏	❏	❏	❏
• immigratie en vluchtelingen....	❏	❏	❏	❏	❏
• maatschappelijk welzijn..........	❏	❏	❏	❏	❏

3. Kunt u op een schaal van 0 tot 10 aangeven hoeveel vertrouwen u heeft in het Europese parlement?

helemaal geen vertrouwen | 0 | 1 | 2 | 3 | 4 | 5 | 6 | 7 | 8 | 9 | 10 | volledig vertrouwen

4. Kunt u op een schaal van 0 tot 10 aangeven hoeveel vertrouwen u heeft in het Nederlandse parlement?

helemaal geen vertrouwen | 0 | 1 | 2 | 3 | 4 | 5 | 6 | 7 | 8 | 9 | 10 | volledig vertrouwen

5.	Kunt u op een schaal van 0 tot 10 aangeven hoeveel vertrouwen u heeft in de leden van de plaatselijke gemeenteraad?											
	helemaal geen vertrouwen	0	1	2	3	4	5	6	7	8	9	10	volledig vertrouwen

Milieugedrag

We leggen u nu 4 korte stellingen voor over het gebruik en uw voorkeur voor milieuvriendelijke producten. De vraag is steeds tegen welke prijs U een milieuvriendelijker product zou willen aanschaffen.

6.	Stel U boekt een vliegvakantie naar Spanje en de reis kost per persoon 1.000 Euro. Hoeveel euro meer bent u bereid te betalen om via een ecotaks voor CO^2-compensatie bomen aan te planten?	❑ niets ❑ 10 Euro ❑ 50 Euro ❑ 100 Euro ❑ 200 Euro
7.	Stel U koopt in de supermarkt 500 gram sperziebonen voor 2,00 Euro. Hoeveel euro meer bent u bereid te betalen voor eenzelfde hoeveelheid biologische en onbespoten sperziebonen?	❑ niets ❑ 10 Eurocent meer ❑ 50 Eurocent meer ❑ 1,00 Euro meer ❑ 2,00 Euro meer
8.	Stel U bent van plan een auto te kopen voor 15.000 Euro. Hoeveel euro meer bent u bereid te betalen voor een elektrisch aangedreven auto om hiermee de uitstoot van CO^2 te verminderen?	❑ niets ❑ 1.000 Euro meer ❑ 5.000 Euro meer ❑ 10.000 Euro meer ❑ 20.000 Euro meer
9.	Stel bij uw elektriciteitsmaatschappij betaalt u per jaar 800 Euro voor stroom. Hoeveel euro meer bent u bereid te betalen voor eenzelfde hoeveelheid groene stroom?	❑ niets ❑ 10 Euro meer ❑ 50 Euro meer ❑ 100 Euro meer ❑ 200 Euro meer
10.	Stel U koopt in de supermarkt 1 kilo kipfilet voor 4,00 Euro. Hoeveel euro meer bent u bereid te betalen voor eenzelfde hoeveelheid biologische en diervriendelijk geproduceerde kipfilet? (als vegetarisch deze vraag overslaan)	❑ niets ❑ 50 Eurocent meer ❑ 1 Euro meer ❑ 2 Euro meer ❑ 3 Euro meer

11. Ik zou u nu graag iets vragen over uw levensopvattingen in het algemeen. Mensen stellen zich wel eens vragen over lijden, over ziekte en dood, of het leven eigenlijk wel zin heeft en waar het kwaad in de wereld vandaan komt. Zou u zelf bij de volgende uitspraken willen aangeven wat uw mening hierover is? Kruis het antwoord aan dat het meeste met uw persoonlijke mening overeen komt.

	helemaal van overtuigd	van overtuigd	onzeker over	niet van overtuigd	helemaal niet van overtuigd	nog nooit over nagedacht
• Het leven heeft voor mij alleen maar betekenis omdat er een God bestaat	❏	❏	❏	❏	❏	❏
• Verdriet en tegenslag in het leven moet je zelf zo goed mogelijk proberen te verwerken...................	❏	❏	❏	❏	❏	❏
• Na de dood is alles definitief afgelopen.................	❏	❏	❏	❏	❏	❏
• Het leven heeft alleen zin als je die er zelf aan geeft..	❏	❏	❏	❏	❏	❏
• Het lijden is er, maar het heeft geen enkele zin	❏	❏	❏	❏	❏	❏
• Het leven heeft volgens mij weinig zin...................	❏	❏	❏	❏	❏	❏
• Pas als je gelooft in God heeft de dood betekenis .	❏	❏	❏	❏	❏	❏
• Je kunt tijdens een ziekte veel pijn verdragen als je gelooft in God..	❏	❏	❏	❏	❏	❏
• Als je je leven uitgeleefd hebt, is de dood een natuurlijk rustpunt..	❏	❏	❏	❏	❏	❏
• Het leven heeft zin, omdat er na de dood nog iets komt	❏	❏	❏	❏	❏	❏
• Lijden en verdriet horen bij het leven, je moet daar zelf een zin aan geven..	❏	❏	❏	❏	❏	❏
• Voor mij heeft de dood geen enkele betekenis	❏	❏	❏	❏	❏	❏
• Voor mij is de zin van het leven, dat je er het beste van probeert te maken..	❏	❏	❏	❏	❏	❏
• Het leed dat mensen overkomt, heeft geen enkele bedoeling	❏	❏	❏	❏	❏	❏
• Volgens mij dient het leven nergens toe................	❏	❏	❏	❏	❏	❏
• De dood is de doorgang naar een ander leven	❏	❏	❏	❏	❏	❏
• Leed en lijden krijgen voor mij pas betekenis als je gelooft in God..	❏	❏	❏	❏	❏	❏
• De dood hoort bij het leven, daar moet je geen probleem van maken	❏	❏	❏	❏	❏	❏

We leggen u nu een aantal vragen voor over het al dan niet deelnemen aan verschillende nationale evenementen, vieringen en herdenkingen.

12.	Hoe vaak heeft u de afgelopen vijf jaren op 5 mei (Bevrijdingsdag) de Nederlandse vlag uitgehangen? Of heeft u geen vlag?	❑ 5 keer ❑ 4 keer ❑ 3 keer ❑ 2 keer ❑ 1 keer ❑ geen enkele keer, alhoewel ik een Nederlandse vlag heb ❑ geen enkele keer, ik heb geen Nederlandse vlag

13.	Hoe vaak heeft u de afgelopen vijf jaren op 4 mei (tijdens de dodenherdenking) een minuut stilte gehouden?	❑ 5 keer ❑ 4 keer ❑ 3 keer ❑ 2 keer ❑ 1 keer ❑ geen enkele keer

14.	Hoe vaak heeft u de afgelopen vijf jaren op Koninginnedag het bezoek van de Koningin aan verschillende plaatsen bekeken, via de televisie-uitzending dan wel door er zelf aanwezig te zijn?	❑ 5 keer ❑ 4 keer ❑ 3 keer ❑ 2 keer ❑ 1 keer ❑ geen enkele keer

15.	Hoe vaak heeft u de afgelopen vijf jaren oranje versiering gebruikt of oranje kleding gedragen tijdens Koninginnedag of sportevenementen (bijvoorbeeld tijdens het EK of WK-voetbal; schaatswedstrijden; Olympische Spelen)?	❑ vrijwel altijd, bij elke gelegenheid die zich voor deed ❑ vaak ❑ soms ❑ heel af en toe ❑ nooit

16. Hieronder staat een aantal geografische gebieden. Wilt u aangegeven in welke mate u zich daarmee verbonden voelt?

	zeer verbonden	verbonden	niet zo verbonden	helemaal niet verbonden	nog nooit over nagedacht
• uw buurt.................................	❑	❑	❑	❑	❑
• uw gemeente.........................	❑	❑	❑	❑	❑
• uw provincie..........................	❑	❑	❑	❑	❑
• Nederland.............................	❑	❑	❑	❑	❑
• Europa...................................	❑	❑	❑	❑	❑

• de gehele wereld	❏	❏	❏	❏	❏

Hieronder staat een krantenbericht over moslims in Nederland. Zou u dit krantenbericht zorgvuldig willen lezen?

Moslim leiders roepen op tot loyaliteit aan Nederland.

Dinsdag 15 maart 2011. Dinsdag kwam de Nederlandse moslimgemeenschap in Utrecht met haar leiders bijeen. De opkomst was groot. De bijeenkomst was georganiseerd om het belang te benadrukken van de toewijding van de moslimgemeenschap aan de Nederlandse samenleving. Er werden allerlei meningen naar voren gebracht. Aan het eind van de bijeenkomst spraken de leiders zich enthousiast uit voor een officiële oproep dat moslims moeten laten zien dat hun allereerste loyaliteit ligt bij hun nieuwe land, Nederland.

Moslim leiders stellen discriminatie in Nederland aan de kaak.

Dinsdag 15 maart 2011. Dinsdag kwam de Nederlandse moslimgemeenschap in Utrecht met haar leiders bijeen. De opkomst was groot. De bijeenkomst was georganiseerd om voorbeelden te verzamelen van discriminatie van moslims in Nederland. Er werden allerlei meningen naar voren gebracht. Aan het eind van de bijeenkomst spraken de leiders zich enthousiast uit voor een officiële oproep aan de Nederlandse regering om discriminatie van moslims effectiever te bestrijden.

Moslim leiders komen bijeen om de begroting te bespreken.

Dinsdag 15 maart 2011. Dinsdag kwam de Nederlandse moslimgemeenschap in Utrecht met haar leiders bijeen. De opkomst was groot. De bijeenkomst was georganiseerd om de gemeenschappelijke uitgaven van de moslimgemeenschap te bespreken. Er werden allerlei meningen naar voren gebracht. Aan het eind van de bijeenkomst spraken de leiders zich enthousiast uit voor een belangrijke herziening van hun bestedingen.

Participatie en goede doelen

De volgende vragen gaan over uw vrije tijdsbesteding. Mensen kunnen lid zijn van allerlei verenigingen, groepen, organisaties, besturen en clubs. Bijvoorbeeld een sportvereniging, een gespreksgroep, een werkgroep, een muziek- of zangvereniging, een vrijwilligersorganisatie, enzovoort.

17.	Van hoeveel van dit soort verenigingen of organisaties bent u lid?	• ------------ verenigingen/organisaties ❑ van geen enkele vereniging/organisatie → vraag 19a

18.	Hoeveel uren per week besteedt u ongeveer aan de bijeenkomsten en activiteiten van AL die groepen en organisaties samen?	• ------------ uren per week

19a.	Doet u wel eens onbetaald vrijwilligerswerk voor de een of andere organisatie?	❑ ja ❑ nee → vraag 20
19b.	Hoeveel uren besteedt u gemiddeld per maand aan al dit onbetaalde vrijwilligerswerk samen?	• ------------ uren per maand

20. In de volgende lijst gaat het over hulp die mensen aan elkaar geven. Het gaat daarbij met name om hulp bij praktische zaken zoals huishoudelijke of andere klussen, op de kinderen passen, boodschappen voor iemand doen, iets uitlenen, advies geven, of praten met iemand die het even niet meer ziet zitten. Wilt u aangeven hoe vaak u de volgende mensen op zo'n manier helpt?

Ik help...	elke dag	meer-dere malen per week	een keer per week	meer-dere malen per maand	een keer per maand	minder vaak	nooit	niet van toepas-sing
• mensen uit mijn familie	❑	❑	❑	❑	❑	❑	❑	❑
• vrienden	❑	❑	❑	❑	❑	❑	❑	❑
• collega's	❑	❑	❑	❑	❑	❑	❑	❑
• mensen uit mijn buurt.....................	❑	❑	❑	❑	❑	❑	❑	❑
• andere mensen dan familie, vrienden, collega's of buurtgenoten	❑	❑	❑	❑	❑	❑	❑	❑

21a.	Geeft u wel eens geld aan goede doelen?	☐ ja
		☐ nee → vraag 22
		☐
21b.	Kunt u aangeven hoeveel geld u daaraan gemiddeld per jaar uitgeeft?	• ---------- euro per jaar

Moslims in Nederland

We leggen u nu een aantal vragen voor over Moslims in Nederland.

22. In de volgende lijst staat een aantal uitspraken over Moslims in Nederland. Kunt u bij elk van deze uitspraken uw mening geven? Kruis het antwoord aan dat het meeste met uw persoonlijke mening overeen komt.

	helemaal mee eens	mee eens	niet mee eens, niet mee oneens	niet mee eens	helemaal niet mee eens	nooit over nagedacht
• De meeste Moslims in Nederland hebben respect voor de levenswijze van anderen.................................	☐	☐	☐	☐	☐	☐
• Moslim mannen overheersen hun vrouwen	☐	☐	☐	☐	☐	☐
• Moslims sluiten zich af van de Nederlandse samenleving..	☐	☐	☐	☐	☐	☐
• Moslims misbruiken hun godsdienst voor politieke doeleinden	☐	☐	☐	☐	☐	☐

Levensbeschouwing en levensgebeurtenissen

23. De volgende vragen gaan over allerlei aspecten van uw levens- en wereldbeschouwing. Wilt u aangeven in hoeverre u het met deze stellingen eens of oneens bent? Kruis het antwoord aan dat het meeste met uw persoonlijke mening overeen komt.

	helemaal mee eens	mee eens	niet mee eens, niet mee oneens	niet mee eens	helemaal niet mee eens	nooit over nagedacht
• Mijn levensbeschouwing heeft veel invloed in mijn leven van alledag	❑	❑	❑	❑	❑	❑
• Als ik belangrijke beslissingen moet nemen, speelt mijn levensbeschouwing daarbij een grote rol	❑	❑	❑	❑	❑	❑
• Mijn levensbeschouwing heeft veel invloed op mijn politieke opvattingen	❑	❑	❑	❑	❑	❑
• Al het goede in de wereld komt uiteindelijk van God	❑	❑	❑	❑	❑	❑
• God zorgt ervoor dat het goede uiteindelijk het kwaad zal overwinnen	❑	❑	❑	❑	❑	❑
• Goed en kwaad in de wereld zijn geheel en al mensen werk	❑	❑	❑	❑	❑	❑
• probleem van goed en kwaad moet door de mensen zelf worden opgelost	❑	❑	❑	❑	❑	❑

24. Kunt u aangeven of u in de afgelopen vijf jaar te maken heeft gehad met een van deze gebeurtenissen?

	ja	nee
• een van uw ouders is overleden	❑	❑
• een dierbaar iemand (partner, kind of goede vriend/ vriendin) is overleden	❑	❑
• u bent slachtoffer geworden van (ernstige) criminele handelingen	❑	❑
• een dierbaar iemand is ernstig ziek geworden	❑	❑

| 25. | De volgende uitspraken hebben betrekking op de invloed die mensen uitoefenen op hun eigen leven. Mensen denken daar vaak verschillend over. Kunt u aangeven in hoeverre de volgende uitspraken voor u kloppen of niet? |

	dat klopt helemaal voor mij	dat klopt wel voor mij	dat klopt gedeeltelijk wel, gedeeltelijk niet voor mij	dat klopt niet voor mij	dat klopt helemaal niet voor mij
• Ik heb weinig controle over de dingen die ik meemaak	❏	❏	❏	❏	❏
• Ik zie echt geen mogelijkheid om sommige van mijn problemen op te lossen	❏	❏	❏	❏	❏
• Er is niet veel dat ik zelf kan doen om belangrijke dingen in mijn leven te veranderen	❏	❏	❏	❏	❏
• Ik voel me vaak hulpeloos in het omgaan met problemen in het leven	❏	❏	❏	❏	❏
• Soms voelt het alsof ik heen en weer word geslingerd in het leven	❏	❏	❏	❏	❏

| 26. | Dan wil ik u nu een aantal stellingen voorleggen die gaan over de sociale steun die mensen kunnen ervaren uit het contact met andere mensen. Kunt u aangeven in hoeverre deze stellingen voor u kloppen of niet? |

	dat klopt helemaal voor mij	dat klopt wel voor mij	dat klopt gedeeltelijk wel, gedeeltelijk niet voor mij	dat klopt niet voor mij	dat klopt helemaal niet voor mij
• Ik merk dat de mensen met wie ik omga om mij geven	❏	❏	❏	❏	❏
• Ik krijg hulp en steun van de mensen om me heen	❏	❏	❏	❏	❏
• Ik wordt getroost door de mensen met wie ik omga	❏	❏	❏	❏	❏
• Ik krijg goede raad van de mensen met wie ik omga	❏	❏	❏	❏	❏

27. Hoe komt het volgens U dat sommige mensen dik zijn en andere mensen niet? Op deze lijst vindt u een aantal verklaringen daarvoor. Wilt u aangeven hoe u daarover denkt?

Sommige mensen zijn dik .....

	helemaal mee eens	mee eens	niet mee eens, niet mee oneens	niet mee eens	helemaal niet mee eens	nooit over nagedacht
• omdat ze een erfelijke aanleg hebben om dik te worden	❑	❑	❑	❑	❑	❑
• omdat ze te weinig doorzettingsvermogen hebben om iets aan hun overgewicht te doen	❑	❑	❑	❑	❑	❑
• omdat de vetverbranding in hun lichaam te langzaam gaat	❑	❑	❑	❑	❑	❑
• omdat dik worden gewoon in de familie zit	❑	❑	❑	❑	❑	❑
• omdat ze te veel eten	❑	❑	❑	❑	❑	❑
• omdat ze als kind van hun ouders niet hebben geleerd om gezond te eten	❑	❑	❑	❑	❑	❑
• omdat dik zijn bij bepaalde bevolkingsgroepen heel normaal is	❑	❑	❑	❑	❑	❑
• omdat ze geen zin hebben om genoeg te bewegen	❑	❑	❑	❑	❑	❑
• omdat God mensen in allerlei soorten en maten heeft geschapen	❑	❑	❑	❑	❑	❑
• omdat ze te weinig bewegen	❑	❑	❑	❑	❑	❑
• omdat ouders kinderen ongezond eetgedrag aanleren	❑	❑	❑	❑	❑	❑
• omdat ongezond eten bij bepaalde bevolkingsgroepen veel voorkomt	❑	❑	❑	❑	❑	❑
• omdat hun lichaam niet goed werkt	❑	❑	❑	❑	❑	❑
• omdat dikke mensen ook bij de Schepping van God horen	❑	❑	❑	❑	❑	❑

28. Alles bij elkaar genomen, hoe tevreden bent u vandaag de dag met uw leven in het algemeen? Kunt u op een schaal van 0 tot 10 aangeven hoe tevreden u vandaag de dag bent met uw leven in het algemeen?

zeer ontevreden | 0 | 1 | 2 | 3 | 4 | 5 | 6 | 7 | 8 | 9 | 10 | zeer tevreden

29. Alles bij elkaar genomen, hoe gelukkig zou u zeggen dat u bent? Kunt u op een schaal van 0 tot 10 aangeven hoe gelukkig u bent?

zeer ongelukkig | 0 | 1 | 2 | 3 | 4 | 5 | 6 | 7 | 8 | 9 | 10 | zeer gelukkig

Dat was het, dank voor uw medewerking. Indien u nog vragen of opmerkingen heeft over deze vragenlijst, over het vraaggesprek, of over andere zaken die met dit onderzoek te maken hebben, dan kunt u die hieronder kwijt. Wij staan open voor uw kritiek of suggesties en zullen daar in vervolgonderzoek rekening mee houden.

Hartelijk dank voor het invullen.

U kunt deze vragenlijst <u>zonder postzegel</u> in de bijgevoegde enveloppe aan ons terug sturen.

Wilt u de vragenlijst ook terug sturen als u onverhoopt de lijst niet (helemaal) hebt kunnen invullen?

For Product Safety Concerns and Information please contact our EU
representative GPSR@taylorandfrancis.com
Taylor & Francis Verlag GmbH, Kaufingerstraße 24, 80331 München, Germany